Vanguarda em Psicoterapia
Fenomenológico-Existencial

Dados Internacionais de Catalogação na Publicação (CIP)
(Câmara Brasileira do Livro, SP, Brasil)

Vanguarda em psicoterapia fenomenológico-existencial /
    Valdemar Augusto Angerami, (org.) . - São Paulo:
    Cengage Learning, 2004.

Vários autores.
Bibliografia.
ISBN 978-85-221-0350-8

1. Psicologia existencial 2. Psicologia
fenomenológica 3. Psicoterapia I. Angerami, Valdemar
Augusto.

03-5044
CDD-616.8914
NLM-WM 420

Índice para catálogo sistemático:

1. Psicoterapia fenomenológico-existencial : Ciências
médicas 616.8914

Vanguarda em Psicoterapia Fenomenológico-Existencial

Valdemar Augusto Angerami (org.)
Ana Maria Lopez Calvo de Feijoo
Elizabeth Ranier Martins do Valle
José Paulo Giovanetti
Mauro Martins Amatuzzi
Tereza Cristina Saldanha Erthal

Austrália • Brasil • México • Cingapura • Reino Unido • Estados Unidos

Vanguarda em psicoterapia fenomenológico-existencial

Valdemar Augusto Angerami (org)

Gerente Editorial: Adilson Pereira

Editor de Desenvolvimento: Marcio Coelho

Produtora Editorial: Tatiana Pavanelli Valsi

Produção Gráfica: Patricia La Rosa

Copidesque: Heleusa Angélica Teixeira

Revisão: Ornilo Costa Jr. e Isaías Zilli

Composição: DesignMakers Ltda.

Capa: Lummi Produção Visual e Assessoria Ltda.

© 2004 Cengage Learning Edições Ltda.

Todos os direitos reservados. Nenhuma parte deste livro poderá ser reproduzida, sejam quais forem os meios empregados, sem a permissão, por escrito, da Editora. Aos infratores aplicam-se as sanções previstas nos artigos 102, 104, 106 e 107 da Lei nº 9.610, de 19 de fevereiro de 1998.

Esta Editora empenhou-se em contatar os responsáveis pelos direitos autorais de todas as imagens e de outros materiais utilizados neste livro. Se porventura for constatada a omissão involuntária na identificação de algum deles, dispomo-nos a efetuar, futuramente, os possíveis acertos.

A Editora não se responsabiliza pelo funcionamento dos links contidos neste livro que possam estar suspensos.

Para informações sobre nossos produtos, entre em contato pelo telefone **0800 11 19 39**

Para permissão de uso de material desta obra, envie seu pedido para **direitosautorais@cengage.com**

© 2004 Cengage Learning. Todos os direitos reservados.

ISBN 13: 978-85-221-0350-8
ISBN-10: 85-221-0350-X

Cengage Learning
Condomínio E-Business Park
Rua Werner Siemens, 111 – Prédio 11 – Torre A – Conjunto 12
Lapa de Baixo – CEP 05069-900 – São Paulo – SP
Tel.: (11) 3665-9900 – Fax: (11) 3665-9901
SAC: 0800 11 19 39

Para suas soluções de curso e aprendizado, visite **www.cengage.com.br**

Impresso no Brasil
Printed in Brazil

Apresentação

Este livro reúne caminhos desenvolvidos pela psicoterapia de base fenomenológico-existencial ao longo dos últimos anos. Autores de diferentes matizes foram agrupados com o objetivo de lançar a vanguarda da psicoterapia fenomenológico-existencial para contribuir com as reflexões dos estudiosos da área.

É sempre importante ressaltar que os trabalhos aqui mostrados refletem os avanços obtidos em nossa caminhada. É um livro novo que chega em um momento no qual os adeptos da abordagem fenomenológico-existencial se mostram com uma avidez cada vez maior por novas reflexões. E seguramente esta obra responde a esses anseios ao mesmo tempo que se mostra como sendo a vanguarda das explanações teóricas e filosóficas acerca da prática da psicoterapia fenomenológico-existencial.

Este é o nosso novo livro. Ele é um pouquinho de nós que é partilhado com todos que acreditam na construção de uma psicoterapia decididamente humana.

Sumário

Capítulo 1
O Sagrado na Psicoterapia   1
José Paulo Giovanetti

Introdução   1

1 - Fundamentação Antropológica do Religioso   3

  1.1 Distinções Fenomenológicas   3

    a) As Três Dimensões Estruturais do Homem   3

    b) Espiritualidade e Religiosidade   5

  1.2 O Sagrado e suas Manifestações   8

2 - Busca de uma Nova Espiritualidade e/ou Religiosidade   12

  2.1 O Caminho Ocidental   13

  2.2 O Caminho Oriental   16

3 - Impacto do Sagrado na Prática Clínica   18

Referências Bibliográficas   24

Capítulo 2
Psico-oncologia Pediátrica: Fé e Esperança como Recursos Existenciais   27
Elizabeth Ranier Martins do Valle

Introdução	27
1 - Espiritualidade, Fé e Esperança diante de Doença Grave	28
2 - O Profissional de Saúde e a Assistência Espiritual	36
3 - Referências Bibliográficas	39

Uma Noite Estrelada de Outono — 41
Valdemar Augusto Angerami

Capítulo 3
Repensando a Ética na Psicoterapia Vivencial — 45
Tereza Cristina Saldanha Erthal

Introdução	46
1 - Valor, Moral e Liberdade	50
2 - A Ética na Psicoterapia	62
3 - Uma Dialética Contínua: Destruição/Construção	67
4 - Tipos de Sofrimento	73
Conclusão	77
Referências Bibliográficas	80

Capítulo 4
O Estético, o Ético e o Religioso na Contemporaneidade — 81
Ana Maria Lopez Calvo de Feijoo

Introdução	81
1 - A Terminologia de Kierkegaard	85
2 - O Estágio Estético	87
3 - O Estágio Ético	90
4 - O Estágio Religioso	95
Conclusão	107
Referências Bibliográficas	112

Capítulo 5
Posições Religiosas ao Longo do Desenvolvimento Pessoal — 113
Mauro Martins Amatuzzi

Referências Bibliográficas	139

Capítulo 6
Uma Psicoterapia além da Idéia Simplista do Aqui e Agora — 141
Valdemar Augusto Angerami

Introdução	141
1 - Reflexões Iniciais	145
2 - A Psicoterapia sob um Novo Olhar	157
Considerações Complementares	166
Referências Bibliográficas	168

Os Autores — 171

Capítulo 1

O SAGRADO NA PSICOTERAPIA

José Paulo Giovanetti

Introdução

Os tempos atuais se caracterizam por fazer aparecer paradoxos. Um mundo organizado e hegemônico, com as coisas definidas e bem explícitas, está ficando para trás. Mergulhar em condições faz parte do nosso dia-a-dia, pois ao mesmo tempo que nos entregamos às delícias das atrações imediatas da vida, impulsionados pela vivência do hedonismo, sentimos dentro de nós a necessidade de explicitarmos uma direção de vida que nos norteie em um futuro próximo. Em uma sociedade na qual a autoridade, capaz de dar as diretrizes, não brilha mais, mas a incerteza aparece como a constante de nossa vivência do cotidiano, resta-nos buscar equilíbrio em um fio de navalha. Quanto mais a sociedade se fragmenta, mais as tensões fazem parte de nossa vida e nos levam a viver de maneira estressante os desafios.

Se essas divisões influenciam o mundo econômico e político, elas também têm impacto no nosso mundo interior, e acabam atingindo a vivência do Sagrado. O que assistimos de uma forma generalizada é que as pessoas estão cada vez mais buscando a religião para enfrentarem os dilemas corriqueiros de suas vidas. Busca-se a religião para, por meio de milagres, termos a cura de uma doença ou a resolução de uma crise financeira. A busca do religioso, na sua perspectiva pragmática, aparece muitas vezes como o lugar para a solução dos nossos problemas cotidianos.

Por outro lado, assistimos ao abandono da vivência religiosa, pois um número cada vez maior de fiéis deixa suas práticas religiosas. A parcela de jovens que não mais vê a religião como algo importante na vida é cada vez maior. Religião é coisa para os nossos avós, dizem de uma forma um pouco desdenhosa. O que interessa é a curtição do momento. Nada de se preocupar com algo transcendente à vida. Esse movimento de abandono e o seu oposto, a busca de uma crença para resolver problemas do dia-a-dia, é o lugar, por excelência, da explicitação do paradoxo no campo religioso.

Essa divisão entre o afastamento e a aproximação se faz sentir também na grande busca que o Ocidente empreende no momento atual com a civilização oriental. Tem crescido a cada dia o interesse pelas práticas de meditação tão comuns e próprias do Oriente. Talvez por que o homem se sinta cada vez mais dividido, a necessidade de buscar uma experiência de unidade por meio da meditação seja uma urgência do nosso tempo para que o humano não se perca ainda mais.

Uma realidade, porém, salta aos olhos. A religião já não ocupa o lugar de destaque na sociedade atual como ocupou até algumas décadas atrás na civilização ocidental. Ela perdeu o princípio unificador de nossas vidas, isto é, deixou de ser o filtro que regulava as ações cotidianas, fossem elas de ordem política ou cultural. Essa realidade de fim de milênio colocou em destaque uma questão que se tornou crucial para o homem moderno.

O dilema entre o declínio do sagrado, expresso no abandono das práticas religiosas, e a permanência do sagrado, por intermédio das buscas de mística oriental e da religião como suporte para enfrentarmos os problemas do dia-a-dia, colocam-nos perante a questão do significado profundo da vivência da dimensão religiosa para o homem.

Se olharmos com um pouco de atenção, veremos que o dilema colocado anteriormente pode ser uma armadilha, pois o declínio do sagrado não significa o aniquilamento deste em prol do predomínio do profano. O recuo do sagrado tradicional não significa o seu desaparecimento, mas somente a necessidade de entendermos a emergência deste sob novas manifestações. Ao longo da civilização, o secular e o religioso se envolvem de forma dialética. O que assistimos não é o desaparecimento do sagrado, mas o deslocamento de suas manifestações.

Desse modo, se admitirmos que o sagrado está presente no nosso dia-a-dia, verificamos também que nossos clientes trazem para dentro do consultório, com a recolocação dos seus sofrimentos, as vivências do sagrado. Quanto ao psicólogo, mesmo aquele que não explicita uma fé, deve estar atento a este acontecimento corriqueiro.

Nesse sentido, na busca de captarmos o sagrado na nossa prática terapêutica, vamos dividir nossa reflexão em três momentos. Em primeiro lugar, procuraremos refletir sobre a fundamentação antropológica do religioso, explicitando uma concepção de homem, que admita a dimensão religiosa como aspecto importante da vida. Em um segundo momento, apontaremos a especificidade dos caminhos percorridos, tanto pela civilização ocidental, como pela civilização oriental, na manifestação da vivência do sagrado. Finalmente, teceremos algumas observações sobre o impacto da vivência do sagrado na psicoterapia.

1 - Fundamentação Antropológica do Religioso

1.1 Distinções Fenomenológicas

a) As Três Dimensões Estruturais do Homem

Um dos pontos mais difíceis de se ter clareza, e consenso entre grande número de psicólogos, é a polêmica do que seja o psicológico e o espiritual na vida humana. Na maioria das vezes, o psicólogo "psicologiza" o espiritual, e as pessoas ligadas à religião "espiritualizam" o psicológico. As duas dimensões da vida humana são muitas das vezes reduzidas uma a outra, impedindo dessa maneira vermos com clareza a especificidade de cada um desses níveis do ser humano.

Na sua complexidade de constituição pode o ser humano ser entendido como uma complexa articulação entre três níveis estruturais: o corporal, o psicológico e o espiritual. É evidente que a articulação desses níveis se dá no social, isto é, o conteúdo dos níveis é adquirido no social. A dimensão corporal não se reduz apenas ao nível físico e biológico, mas deve ser entendida como a dimensão que expressa a presença imediata do homem no mundo e se reflete em uma certa intencionalidade. Por meio do corpo o homem revela algo de si, expressa-se como sujeito. Assim "é no sentido dessa distinção entre ser e o ter o corpo, que o corpo é, para o homem, um 'corpo vivido' (*corps vecú*) não no sentido de vida biológica, mas de vida intencional" (Vaz, 1992, p. 176). Isso quer dizer que não podemos entender o corpo humano como um simples funcionamento de sistemas, mas que esses sistemas bioquímico, genético, endócrino, nervoso exprimem a intencionalidade de um sujeito, a presença do humano.

A segunda dimensão, que revela singularidade do sujeito, é a dimensão psíquica. Entendemos, aqui, a dimensão do homem que o possibilita subjetivar a realidade, ou seja, tornar sua a realidade. É a experiência de entrar em contato com o real e apossar-se dele. "Pelo psiquismo o homem plasma a sua expressão ou figura interior, de sorte que se possa falar com propriedade do Eu psíquico ou psicológico. O domínio do psíquico é, pois, o domínio onde começa o homem interior, e onde começa a delinear-se o centro dessa interioridade, ou seja, a consciência"(Vaz, 1992, p. 188). O psíquico revela nossa presença no mundo de maneira diferente, que o nosso corporal revela-nos como pessoa. O psíquico tem sua característica própria e podemos dizer "que, na experiência da vida psíquica, manifesta-se uma reflexividade dos atos psíquicos que os distingue radicalmente dos processos orgânicos que têm lugar no domínio da corporalidade" (Vaz, 1992, p. 189). Estamos afirmando que o homem é um ser psíquico, e como tal essa dimensão estará presente em todas as suas atividades. Não podemos, porém, afirmar que todas as atividades humanas podem ser explicadas e reduzidas ao funcionamento do psicológico. Vergote explicita bem essa posição dizendo que "tudo aquilo que é humano é psicológico. Ou ainda, que nada no homem se explica por meio da psicologia, mas que nada também se compreende sem ela"(Vergote, 1999, p. 95).

O perigo que corremos é querer reduzir todas as atividades humanas a sua explicação psicológica. A maioria dos psicólogos procuram entender a vida somente por meio dessas duas dimensões do homem. Existe, porém, uma terceira dimensão, que é a espiritual ou noética, responsável por muitas experiências humanas, principalmente pela vivência da liberdade. Um dos psicólogos que mais claramente defenderam a originalidade e importância da dimensão espiritual foi Viktor Frankl (Frankl, 1978).

O que distingue o psicológico do espiritual é que esta última dimensão do homem é a responsável pela "experiência fundamental segundo a qual o homem está presente a si mesmo e está presente ao mundo" (Vaz, 1992, p. 204). É essa dimensão do homem que possibilita a ele a colocação do sentido da vida. O psicológico no ser humano é só a subjetivação do real, mas a intencionalidade, explícita ou não, que brota daí é de nível espiritual. Assim é por meio do espírito que nos colocamos "diante das situações, conferindo a elas um sentido, um motivo ou razão pela qual valesse a pena continuar vivendo. A dimensão espiritual mostra-se, portanto, como uma dimensão não-determinada, mas determinante da existência" (Coelho, 2001, p. 97). É aqui, também, que o homem hierarquiza os valores de sua existência. A capacidade de priorizar este ou aquele valor é tarefa do espírito, isso quer dizer que o hierarquizar valores acontece por meio da dimensão espiritual ou noética do ser humano.

Outra atividade dessa dimensão espiritual é a capacidade de decisão das coisas na vida. É importante destacar que a hierarquização dos valores e a capacidade de decisão tenham influências das vivências psicológicas, mas não podem ser reduzidas a essas vivências. Outro psicólogo de origem alemã, Philip Lersch (Lersch, 1971) também compreende o homem como um ser de articulação de camadas, e nomeia essa dimensão como a estrutura superior de personalidade. Ao separarmos didaticamente esses três níveis, não estamos demonstrando que eles não se articulam entre si, mas, pelo contrário, afirmamos sua interligação ao mesmo tempo que sinalizamos para a especificidade de cada um dos níveis estruturais do ser humano.

b) Espiritualidade e Religiosidade

Na maioria dos textos de cunho psicológico encontramos certa confusão quanto à distinção entre espiritualidade e religiosidade. No Oriente essa diferença fica um pouco mais clara, enquanto no Ocidente, mais por causa do cristianismo, uma das bases da civilização Ocidental, os dois termos são tomados muitas vezes como sinônimos. Antes de entrarmos em uma explicitação mais específica, podemos dizer *grosso modo* que o termo espiritualidade quer elucidar toda a dinâmica da vida espiritual do ser humano, isto é, abarcar todas as articulações da dimensão espiritual ou noética do ser humano, enquanto o termo religiosidade implica uma relação com algo transcendente ao homem, com um ser superior ao ser humano. Como essas duas dimensões se articulam de maneira dinâmica, no Ocidente, o cristianismo define-se como uma relação amorosa entre Deus e o homem, e a vivência dessa realidade traz implicações para a sua hierarquização dos valores que é próprio da dimensão espiritual do homem.

Desse modo podemos dizer que espiritualidade é uma atividade do espírito, busca estabelecer o que é necessário para que o homem se sinta uno, integrado. Boff, no seu livro *Espiritualidade* – um Caminho de Transformação, diz que o termo espiritualidade faz sentido "quando mergulhamos nessa profundidade de nós mesmos e experimentamos a realidade como um todo" (Boff, 2001, p. 66). Nessa perspectiva existe uma relação com a totalidade da existência, mas não a aceitação de um ser superior com o qual poderei entrar em relação, e, portanto, para Boff o Espírito "é aquele momento de nossa consciência que nos abre à percepção de que somos parte de um todo e de que pertencemos ao todo" (Boff, 2001, p. 66).

O homem, à medida que medita sobre o sentido da vida e sobre os valores que deve buscar para que possa se tornar cada vez mais humano, encontra a unidade. A vivência desses aspectos é a vivência da espiritualidade. Esta tem a ver com a busca, por meio da reflexão, do que é mais profundo e realizador na vida humana. "A espiritualidade tem a ver com experiência, não com dogmas, não com ritos, não com celebrações, que são apenas caminhos institucionais capazes de nos ajudar na espiritualidade, mas que são posteriores à espiritualidade."(Boff, 2001, p. 66)

Dessa forma, o termo espiritualidade designa toda a vivência que pode produzir mudança profunda no interior do homem e que o leva à integração pessoal e à integração com outros homens.

Dalai-Lama explicita de forma clara o que entende por espiritualidade, lançando assim uma luz definitiva sobre o significado do termo. Ele diz que o "objetivo da prática espiritual e, conseqüentemente, da prática ética é transformar e aperfeiçoar o estado social do coração e da mente. É assim que nos tornamos pessoas melhores" (Dalai-Lama *apud* Boff, 2001, p. 25).

Toda essa reflexão nos leva a entendermos que a espiritualidade, isto é, "a vida segundo o espírito, apresenta-se como a fonte originária da qual flui o verdadeiro ser do homem: sob o aspecto de presença e sob o aspecto da unidade"(Vaz, 1992, p. 239). É uma vida de presença a si mesmo, e nessa presença a si mesmo se efetiva a unidade do homem.

Ora, nessa busca pela unidade consigo mesmo o homem esbarra em uma interrogação desconcertante. Encontro o significado para esta vida, mas o que existe além desta vida? Esta questão nos coloca diante de algo mais englobante que o simples sentido de vida cotidiana. O que estamos fazendo neste mundo? O que podemos esperar além desta vida? Estas questões que balançam nossas convicções mais firmes nos abrem para algo além do homem. Esse é o momento em que me inclino ao transcendente. Portanto a pergunta sobre a possibilidade de existir algo além do nascimento e da morte é a concretização da transcendência, isto é, a colocação de que algo mais profundo pode dar a unidade ao ser humano. Nesse momento está aparecendo a questão religiosa. A possibilidade de um ser mais pleno, que ajudará o homem a se integrar na sua existência. A pergunta sobre o que existe além da morte, isto é, se existe um ser maior que o homem e, por isso mesmo, que deve merecer atenção primordial, é uma questão que o homem carrega consigo desde o início da Humanidade. Das mais variadas formas o homem tem enfrentado essa questão por meio da criação das religiões. As religiões são a concretização desse dilema, e têm variado conforme a influência do contexto histórico na sua estruturação.

Hoje, na sociedade ocidental, a religião já não ocupa mais o lugar central na organização de vida cotidiana.[1] Esse fenômeno abriu uma veia para pensarmos a organização da existência sem a referência à questão religiosa. É somente a partir dessa perspectiva que podemos entender o fenômeno do ateísmo como um fenômeno típico da época atual, próprio da civilização ocidental. "As religiões todas fornecem uma visão sobre Deus, sobre o céu, sobre quem é o ser humano e o que deve fazer neste mundo. Elaboram doutrinas e apontam caminhos para a luz." (Boff, 2001, p. 24) Ajudam a entender melhor quem é esse homem a partir de uma revelação. Por isso mesmo a religião será composta de um corpo

---

[1] Tratamos dessa articulação entre religião e a existência em nosso artigo. "Religião e Subjetividade Contemporânea". In: Mac Dowel, J. A. (org.). *Saber filosófico, História e Transcendência*. Homenagem ao Pe. Henrique Cláudio de Lima Vaz em seu 80º Aniversário. São Paulo: Edições Loyola, 2002, especificamente as páginas 287-290.

doutrinal e comportará uma série de práticas que vão ajudar o fiel a entrar em contato com o transcendente.

A vivência dessa prática nos possibilita estabelecer o contato com esse transcendente, estruturar uma relação que sustentará, iluminará nossa vida. Religiosidade, portanto, diferentemente de espiritualidade, é a vivência dessa ligação com o transcendente. Isso quer dizer que a religiosidade implica fundamentalmente uma relação com alguém que reverencio e reconheço como maior do que eu. Assim, religiosidade é a maneira como procuro ligar-me e entrar em relação com o absoluto, com aquele ser que transcende o meu Eu. Se religião na sua significação etimológica é se re-ligar a alguém, então, aqui, estamos estabelecendo uma ligação com Deus. Viver no dia-a-dia essa conseqüência da ligação com Deus, que na realidade é colocar em prática os ensinamentos desse Deus, é desenvolver a religiosidade.

Essa adesão e o cultivo dessa relação se fará por meio da fé. É por meio dela que buscarei colocar em prática a relação com esse ser superior, que tem sempre uma mensagem de ajuda para a integração do ser humano.

1.2 O Sagrado e suas Manifestações

Em primeiro lugar gostaríamos de precisar o que denominamos pela palavra Sagrado, diferenciando-a das duas categorias anteriormente trabalhadas, ou seja, o sentido de espiritualidade e de religioso. Aqui, sagrado, em um sentido amplo, define-se como oposição ao profano, e quer denominar a disposição religiosa do homem ante algo que o transcende. A religiosidade já seria a maneira como eu vivencio a relação com esse transcendente, com o sagrado. Ela se explicitaria pelos ritos, orações etc. Portanto, de uma forma bem simples, podemos dizer que o homem vai denominar de Sagrado algo que ele acolhe como diferente dele, como resposta à sua questão da finitude.[2] É a valorização de algo absoluto, misterioso e intocável, que o transcende e que permanece como algo que às vezes merece veneração. Em muitas ocasiões a própria natureza, para os primeiros homens, aparecia como algo grandioso e

---
[2] Aqui retomamos algumas idéias que desenvolvemos no artigo "O sagrado e a experiência religiosa na Psicoterapia". In: MAHFOUD, M e MASSIMI, M. (orgs). *Diante do Mistério*. Psicologia e Senso Religioso. São Paulo: Edições Loyola, 1999, especificamente as páginas 90-91.

merecia não só uma admiração por parte do homem, mas também uma veneração. Foi o que fizeram os índios, o povo egípcio e outros grupos humanos. O conceito de Sagrado é polivalente, mas nós o tomamos no significado acima delimitado, ou seja, para expressar uma realidade que ultrapassa o homem e merece sua veneração.

Ao longo da história da humanidade essa postura foi sempre cultivada e apresentou uma variedade de concretizações que mostram as mais diversas maneiras de o homem se relacionar com o transcendente. Isso nos faz perceber que a relação com essa entidade superior influencia muito a nossa postura de vida. Isso é tão verdade que, conforme afirma Safra, a maneira como um "sujeito concebe o Sagrado parece determinar a posição que esse sujeito vai ocupar no mundo e também a sua maneira de hierarquizar as experiências psíquicas" (Safra). Essa veneração a um ente superior instruirá praticamente a organização do dia-a-dia de uma pessoa, pois essa inclinação a um ser superior iluminará os atos que o sujeito venha a praticar na vida, é a prática mais comum, é pensar que esse ser superior protegerá o indivíduo e, por extensão, a sua comunidade das dificuldades e desgraças cotidianas. É comum assistirmos como, em quase toda parte do planeta, os homens buscam por meio de ritos e orações a proteção desse ser superior.

Um dos autores que se destacou ao estudar este fenômeno foi Rudolf Otto (Otto, 1992), para o qual o Sagrado é uma manifestação do poder divino, provoca no homem experiências com características especiais, e o sentimento desencadeado no homem não se compara com o sentimento do amor, do ódio ou do medo, com os quais estamos habituados a vivenciá-los e a compreendê-los. Pelo contrário, é quase uma vivência de terror derivada do contato com esse ser ou objeto sagrado. Vergote (Vergote, s/d), um estudioso de psicologia religiosa que procura entender os fenômenos psíquicos envolvidos nessa vivência, fala que os sentimentos comuns não são suficientes para expressar toda a riqueza da vivência do Sagrado. Essa vivência polariza um tipo de sentimento que Otto nomeou de "tremendum" ou de "fascinosum". Ele exprime a experiência de que permanecemos a distância de algo, mas esse algo nos seduz e nos mobiliza, em termos de atração. Assim, o Sagrado é algo que nos atrai de maneira arrebatadora. Existe, talvez, uma vivência de encanto, que sustenta, a concretização desse sentimento denominado "tremendum", e assim "poderíamos compreender o sentimento religioso como uma tentativa de busca do Sagrado, entendido como o anseio de potência de ser. O divino é concebido como o elemento absoluto, no qual sempre é possível ver refletido o próprio estilo de ser e no qual se estaria, eternamente, na experiência de júbilo e de encanto"(Safra, p. 7).

Vergote procura explicitar as características desse sentimento e enumera quatro que dariam conta de entendê-lo (Vergote, s/d, p. 127). A primeira é que esse estupor, diante do Sagrado, parece ser algo brusco, selvagem, demoníaco, ou algo purificado e sublimado, como aconteceu em inúmeros exemplos na história da humanidade: o terror que viveram alguns judeus diante dos fatos narrados pela Bíblia em certos momentos difíceis da caminhada; o estupor de algumas pessoas na época de Jesus, quando presenciaram os milagres feitos por ele.

A segunda característica da vivência desse sentimento é que ele é envolvente e provoca uma sensação de superpotência divina, isto é, uma sensação de que estou diante de algo grandioso e poderoso que me envolve e que não tenho condições de desvendar. A repercussão imediata desse fato é um sentimento de dependência em face do grandioso.

A terceira característica do "tremendum" traz consigo uma concentração de energia, de vida e de atividade que, segundo Vergote, aparece com todo vigor na experiência mística. O importante é que o sentimento religioso mobiliza quem o vive, "jogando-o" para a frente, para uma atividade que às vezes não é bem compreendida pelas pessoas ao redor.

A última característica do Sagrado é o seu caráter de mistério, pois o divino aparece como um totalmente outro, às vezes inatingível, mas pertencendo a esta terra mundana. Ora, esse pertencer a outra realidade faz-nos reverenciá-lo e, com isso, uma aura de mistério se instaura. É por isso que o deslumbramento diante do Sagrado pode ser o sentimento que melhor define e nos faz viver a dimensão do mistério.

As questões levantadas até aqui nos permitem tirar algumas conclusões parciais no sentido de melhor delimitarmos a questão da particularidade da distinção entre o que entendemos por espiritualidade e por religiosidade.

Em primeiro lugar explicitamos que a espiritualidade é a experiência, por meio da reflexão, da busca da unidade. Nessa mesma perspectiva, a posição de Leloup vem reforçar nossa definição quando diz o seguinte: "A espiritualidade é independente da experiência religiosa. Pertence a todo o homem. Ela é própria do ser humano. O espiritual é aquela dimensão do ser humano que chamamos 'noético', isto é, livre das emoções, das pulsões, das paixões" (Leloup, 1998, p. 209). É claro que devemos ter certo cuidado com o que Leloup quer dizer com a expressão livre das emoções. A reflexão que se dá no nível noético deve ser livre das emoções no sentido de que devemos tomar distância delas para refletirmos, mas não podemos ignorar a influência da afetividade na decisão, que é também uma atividade do noético. Se por outro lado entendemos religiosidade como uma vivência de se religar a um ente superior, e isso se faz por meio da fé, a conseqüência imediata, que brota dessa posição, é podermos viver uma espiritualidade arreligiosa, isto é, sem estarmos ligados a uma crença religiosa.

A grande dificuldade no Ocidente é que toda a civilização ocidental se estruturou tendo como um dos seus pilares de construção a mensagem bíblica. Portanto, a espiritualidade ocidental encontra-se imbricada com o cristianismo, encarnação histórica da mensagem bíblico-cristã. Refletir sobre a especificidade de cada uma dessas atividades do ser humano torna-se mais difícil, e o campo fica propício a muita confusão. Queremos dizer que, com a reflexão sobre a especificidade da espiritualidade e da religiosidade, não estamos negando nenhuma das duas dimensões, e muito menos dizendo que elas não se articulam entre si. Estamos convictos de que o homem não pode viver plenamente sem uma abertura explícita à transcendência religiosa. Por isso mesmo, essa articulação se fará necessária.

Mas em uma sociedade dita pós-cristã, que é a sociedade ocidental atual, a qual começa a questionar os fundamentos cristãos dessa sociedade, a espiritualidade arreligiosa passa a ser uma atração. Isso quer dizer que "nossos valores não mais se enraízam em dogmas e crenças. Elas se enraízam na experiência, notadamente na experiência de solidariedade, na presença da atenção ao outro, na descoberta do enriquecimento recíproco de todo encontro. Eis, aqui, o sentido de nossas existências e de nossos atos" (Leloup, 1998, p. 214). Porém, para viver uma espiritualidade a-religiosa, será necessária uma construção de uma ética capaz de explicitar os valores fundamentais dessa nova espiritualidade.

A segunda observação conclusiva é sobre o sentimento envolvido na vivência religiosa. Não é um tipo de sentimento que estamos acostumados a reconhecer e nomear ao vivermos uma experiência afetiva. Aqui trata-se de forte mobilização interna, que, além de provocar espanto, admiração, temor, é capaz de desencadear um processo de reverência. A vivência do Sagrado é algo iluminador e mobilizador da existência, que é capaz de uma transformação radical na vida do homem. Talvez a característica mais específica do sentimento religioso, que o distingue dos outros sentimentos, como exemplo o sentimento amoroso, seja essa reverência, essa solenidade diante do Outro absoluto. Assim, a religiosidade será esta busca de estabelecer uma forma de relação com o Sagrado.

2 - Busca de uma Nova Espiritualidade e/ou Religiosidade

No momento atual busca-se viver de maneira intensa tanto a espiritualidade como a religiosidade. O contexto social marcou de forma definitiva o caminho para a espiritualidade, como assinalou também o caminho para a religiosidade. A humanidade percorreu caminhos diferentes na vivência desses dois percursos. É assim que distinguimos a cultura oriental da cultura ocidental. Ambas as civilizações apresentaram caminhos paradigmáticos, que em um mesmo momento podem parecer opostos mas, se os examinarmos com atenção, veremos que têm alguns aspectos em comum e que na sua concepção são complementares. Podemos dizer que "a partir desses dois tipos de experiência se erigiram majestosos edifícios institucionais e religiões de grande força de atração freqüentados pela maioria da humanidade" (Boff, 2001, p. 44).

Boff, falando da diferença complementar entre os dois caminhos percorridos pela humanidade, afirma que o percurso do Ocidente se caracterizou pela comunhão pessoal com Deus e que inclui o todo. Por outro lado, o caminho do Oriente é marcado fundamentalmente pela comunhão com o todo e que inclui Deus (Boff, 2001, p. 44). Assim, ambos os caminhos levam a uma integração com o todo e a uma abertura a um Deus. A diferença está na forma de como cada um dos percursos estabelece suas prioridades e, conseqüentemente, suas formas de organização.

2.1 O Caminho Ocidental

Para entendermos a especificidade de cada um dos percursos temos de explicitar, em primeiro lugar, o pressuposto de cada um deles, isto é, entendermos a relação homem e natureza, própria de cada percurso. O Ocidente, pela sua trajetória, muito desenvolveu a racionalidade, colocando a razão como o ponto principal de organização da vida. Isso significa que, a partir da civilização grega, quando assistimos ao nascimento da filosofia, o sol que passará a iluminar todas as atividades do homem será a razão. Estamos enfatizando que, a partir da passagem do mito para a razão, feita pela filosofia, a capacidade de reflexão do homem passou a predominar sobre a "fantasia" na hora de construir seu dia-a-dia. Não queremos entrar, aqui, nas diversas concepções de razão que a cultura ocidental foi moldando ao longo do seu percurso, mas destacar que com a filosofia grega inaugura-se uma nova etapa na história da humanidade, na qual o caminho da reflexão filosófica passou a ser a fonte de toda a atividade humana.

De modo geral, pode-se "definir a razão pela sua abertura transcendental ao Ser, ou seja, pela identidade dialética com o ser e pela sua total reflexividade em si mesma, identidade e reflexividade que, na nossa razão finita, têm lugar no domínio do intencional, vale dizer, como unidade na diferença da razão com o ser e da razão consigo mesma".[3]

Esse predomínio do racional levou a uma definição popular do homem, quando as pessoas, de forma espontânea, caracterizando o ser humano, dizem que o "homem é um animal racional". Porém a essa valorização do racional veio juntar-se a contribuição da mensagem bíblico-cristã, outro pilar da civilização ocidental. "Nos primeiros séculos de nossa era o mundo mediterrâneo foi invadido por toda sorte de doutrinas e cultos religiosos de procedência oriental. Foi, sem dúvida, um fato extraordinário que, em meio a esse vasto sincretismo, o anúncio do Cristo tenha-se imposto vitoriosamente em toda sua integridade" (Vaz, 2001, p. 161).

A novidade aqui anunciada, que marcaria toda a civilização ocidental, é que na mensagem bíblico-cristã, que foi a base para a constituição do cristianismo, o Deus anunciado não era um Deus distante e inatingível,

---

[3] Para o acompanhamento da passagem da razão clássica, dita razão metafísica, que se estruturou a partir da filosofia, para a razão moderna, que se organizou sob a égide da ciência, remetemos o leitor ao magistral artigo de Henrique Vaz intitulado "Ética e Razão Moderna", em Síntese Nova Fase, vol. 22, nº 68, 1995, p. 53-84, especificamente as páginas 60-69.

mas o que caracterizava essa relação com Deus era uma relação pessoal e dialogal. Assim, o aspecto relacional é colocado em destaque, mostrando que a essência do cristianismo é constituída pela relação com o transcendente. A partir dessa relação, entenderemos toda a experiência na compreensão do homem. Tanto isso é verdade que, juntando ao aspecto de o homem ser racional, a definição espontânea do que é o homem, iluminado pelo cristianismo, é que o homem foi criado à imagem e semelhança de Deus, isso significa que ele é a imagem de Deus. Temos, pois, dois aspectos do homem – ser racional e imagem de Deus – que marcaram todo o caminhar da civilização ocidental. Assim, Boff, explicitando esse encontro com o transcendente, diz: "É um encontro EU-TU, encontro entre desiguais, que pela abertura, amizade e o amor estabelece comunhão e inaugura uma aliança" (Boff, 2001, p. 48).

Dessa forma, a religiosidade, que definimos acima como a relação do homem com esse ser transcendente, passa a ser a característica própria do Ocidente. É evidente que os ensinamentos e a prática dessa religiosidade vão influenciar a espiritualidade do homem ocidental, levando a uma confusão entre os significados do termo espiritualidade e religiosidade. Muitas vezes a expressão espiritualidade cristã quer significar a vivência dessa relação.

Entretanto, o Ocidente começou a viver algumas transformações que, no campo da racionalidade com o surgimento da ciência experimental, provocou a passagem da razão metafísica para a razão científica. "Nos tempos modernos assistimos a um rompimento da estrutura analógica da Razão. Vários modelos de racionalidade (físico-matemática, dialética, lógico-linguística, fenomenológica, hermenêutica) reivindicam a sucessão da antiga razão metafísica, mas não conseguem unificar o campo da Razão após a dissolução da 'inteligência espiritual' ("nous" ou "mens") que, coroava o exercício da atividade racional com a Teoria do Ser e com a ascensão intelectual ao Absoluto."[4]

---

[4] VAZ, H. C. L. *Ética e Razão Moderna*, p. 60. Queremos trazer um texto do Vaz, onde ele explicita com clareza a distinção entre Razão e racionalidade. "A Razão é universal, a racionalidade, particular. Na sua generalidade a Razão se refere seja aos sujeitos que são capazes de usá-la e que são, por definição, sujeitos racionais, seja à realidade na medida em que pode ser por ela compreendida e explicada, e é a racionalidade racional. O conhecimento da Razão se caracteriza, por sua vez, como sendo um conhecimento que opera a partir de princípios e obedecendo a regras de demonstração. Racionalidade denota estilos distintos no uso da Razão, diferenciados segundo as peculiaridades do objeto e do método adequado à sua explicação racional. Fala-se, assim, de racionalidade físico-matemática, de racionalidade tecnológica, de racionalidade econômica, de racionalidade política, e assim por diante." No mesmo artigo, p. 63-64.

Esse processo de transformação da Razão na civilização ocidental vai provocar o aparecimento de novas forças organizadoras da atividade humana, que terão impacto direto na maneira de o homem ocidental viver a sua religiosidade. Juntamente com outras forças da civilização, como a nova forma de organizar a política e, principalmente, o surgimento da subjetividade, vai instaurar-se no seio da civilização um fenômeno que podemos chamar de emancipação do sujeito. Isso significa que é a partir do indivíduo que tudo se organizará. O indivíduo vai afirmar-se enquanto valor e enquanto princípio organizador de toda a sociedade. "Enquanto princípio, na medida em que, na lógica da liberdade, apenas o homem pode ser por si mesmo a fonte de suas normas e leis, fazendo com que, contra a heteronomia da tradição, a normatividade ética, jurídica e política modernas se filie ao regime da autonomia." (Renaut, 1998, p. 30)

Ora, esse novo princípio organizador da civilização ocidental vai ter seu impacto na religiosidade ocidental. Na perspectiva mais tradicional, o acento da vivência da religiosidade será colocado no conteúdo, mobilizando o militante religioso a aceitar os dogmas, as regras e os rituais. Porém, na nova perspectiva da vivência religiosa, chamada pós-tradicional, o acento será colocado na satisfação subjetiva do indivíduo, caracterizando dessa maneira a perspectiva individualista. Embora seja a relação o elemento estruturante da vivência religiosa, a concepção dessa relação mudou com o tempo. "A vida religiosa contemporânea é regulada por meio de dois pólos de organização antagônicos: a religião externa (tradicional) e a religião interna (individualista). Enquanto a primeira funda-se numa autoridade externa ao indivíduo que, baseada numa tradição unificada, o controla e protege, a segunda sacraliza o self individual." (D'Andrea, 2001, p. 40)

Assistimos hoje ao crescimento da religião individualista, basta ver todo o desenvolvimento da Nova Era, e ao esvaziamento da religiosidade tradicional. "Nos últimos dois séculos, portanto, o declínio da religião tradicional no Ocidente ocorre paralelamente ao crescimento de tendências individualizantes e privatizantes."(D'Andrea, 2001, p. 41) Hoje, a religiosidade, isto é, a relação que o crente estabelece com o transcendente, está calcada na busca da satisfação dos próprios desejos. A veneração de um ser superior é feita para atender de forma imediata às agruras cotidianas, deixando o conteúdo em segundo plano.

2.2 O Caminho Oriental

Se no Ocidente a estruturação da vivência religiosa foi marcada pela filosofia grega e pela mensagem bíblico-cristã, no Oriente o caminho foi outro. No primeiro, podemos dizer que houve uma separação entre o homem e a natureza, no segundo caminho a concepção de que o homem faz parte da natureza, isto é, ele é uma totalidade com a natureza, torna-se a forma predominante. Boff explicita que o Oriente fez um caminho de "certa forma mais grandioso que o nosso (Ocidente) porque é mais ancestral e englobante. A primeira experiência que a pessoa, o monge, o professante de um caminho espiritual do Oriente faz é a da totalidade, vale dizer, da unidade da realidade" (Boff, 2001, p. 58). Aqui, a relação do homem com a natureza é vivida na perspectiva da unidade. O Ocidente, diante do poder separador da razão, essa unidade do homem com a natureza não é colocada em primeiro plano.

Ora, o caminho do Oriente se estrutura tendo como fim a vivência da unidade. "Toda a busca dos orientais consiste na construção de um caminho que leve a uma experiência de totalidade. Trata-se, como afirmam, de fazer uma experiência de não-dualidade. Isso equivale a dizer: sentir-se pedra, planta, animal, estrela, em uma palavra, sentir-se universo"(Boff, 2001, p. 59). Todo o esforço das práticas espirituais é para possibilitar ao homem a experiência da unidade, da experiência de sentir-se parte integrante do universo, não na perspectiva racional desenvolvida pelo Ocidente, mas na perspectiva de ser um com o todo. Todas as práticas levam a harmonizar o homem e a natureza.

O Oriente possui muitos guias espirituais, mas talvez o mais conhecido e admirado no Ocidente seja Buda, isto é, um homem chamado Sidarta Gautama, que nasceu na Índia em 563 a.C., e desenvolveu uma espiritualidade, por meio da qual a ascese corporal possibilita o desenvolvimento da atividade mental, e a vida espiritual é um exercício pelo qual o homem desenvolve a capacidade de conhecer a si mesmo. É claro que o Oriente já desenvolvia, antes do aparecimento de Buda, práticas meditativas que tinham como finalidade proporcionar ao ser humano a experiência da unidade. A vida de Buda foi, por meio do contato com mestres de sua época, desenvolver práticas de meditação que possibilitasse o homem a praticar o bem e purificar a mente.

Hoje, no Ocidente, Tenzin Gyatso, o décimo quarto dalai-lama, líder espiritual dos monges tibetanos, é o mais conhecido divulgador da espiritualidade oriental.[5] Um dos princípios básicos da espiritualidade budista é desenvolver a mente, mas não devemos entender a mente como a capacidade de reflexão, própria da concepção ocidental, e sim como a dimensão mais profunda do ser humano. "Quando falo em treinar a mente neste contexto, não estou me referindo à 'mente' apenas como a capacidade cognitiva da pessoa ou seu intelecto. Estou, sim, usando o termo no sentido da palavra sem, em tibetano, que tem um significado muito mais amplo, mais próximo de 'psique' ou 'espírito': um significado que inclui o intelecto e o sentimento, o coração e a mente. Por meio de uma certa desarmonia interior, podemos sofrer uma transformação da nossa atitude, de todo o nosso modo de encarar e abordar a vida." (Dalai-Lama, 2001, p. 15)

Assim, a espiritualidade oriental é pensada a partir do pressuposto de que o caminho a ser seguido é a comunhão com o Todo. É o desenvolvimento da articulação da mente e do coração. Dessa forma, a felicidade não está no prazer que é imediato, mas no momento em que se atinge o estágio da libertação, no qual não existe mais sofrimento (Dalai-Lama, 2001, p. 36). Todo o esforço, aqui, possibilita ao ser humano a experiência de centramento em si mesmo, isto é, que o homem seja capaz de captar a unidade e desenvolver uma vida mais desapegada das vicissitudes humanas. "A mística oriental procura criar um centro interior com tal força e vigor que sateliza toda a realidade ao redor, refazendo a percepção da totalidade." (Boff, 2001, p. 62)

O caminho do Oriente visa à construção da interioridade, que busca desenvolver práticas que vão possibilitar ao ser humano cultivar uma interioridade. No Ocidente, ao contrário, o que assistimos na atualidade, principalmente nesta época dita pós-moderna, é um cultivo da exterio-

---

[5] Ele vive no exílio, nas montanhas do Himalaia indiano, pois o Tibete foi invadido pela China que, a partir do governo de Mao Tse-tung, considerou que deveria libertar o Tibete do domínio feudal. Assim, a partir de 1950, a instituição religiosa da qual o dalai-lama era o líder espiritual, uma das várias seitas budistas que surgiram no Oriente tendo os ensinamentos de Buda como os princípios organizadores da vida, foi considerada sem razão pelos chineses. Os monges passaram a ser perseguidos pelos chineses e, em 1959, o 14º dalai-lama fugiu para o exílio, onde permanece até hoje, divulgando os ensinamentos do budismo tibetano.

rização. Um caminho que descentra o homem. Um dos grandes males do início do novo milênio é a perda da interiorização. Essa sede de práticas orientais é o sintoma de que a espiritualidade oriental tem algo a dizer ao homem ocidental. A ioga é também uma prática muito aceita pelo Ocidente, pois esta vivência ajuda o homem a centrar-se em si mesmo, e com isso ser capaz de se integrar melhor. Para o oriental essa integração pessoal "envolve uma disciplina interior, um processo gradual de extirpar estados mentais destrutivos e substituí-los por estados mentais positivos, construtivos, por exemplo a benevolência, a tolerância e o perdão" (Dalai-Lama, 2001, p. 33). O Oriente está mais voltado para reconhecer o valor da transformação interior.

Se toda a vivência da espiritualidade é a construção desse caminho, também podemos dizer que a vivência religiosa por meio da participação em uma religião deve levar o homem a se encontrar. Boff, em um contato com o dalai-lama, perguntou qual seria a melhor religião. O líder espiritual respondeu que é aquela religião que te faz melhor e, também, pela qual o sujeito se sente melhor e, para isto, a religião deve desencadear no indivíduo o ato de ser compassivo, "aquilo que me faz mais sensível, mais desapegado, mais amoroso, mais humanitário, mais responsável..." (Boff, 2001, p. 46).

3 - Impacto do Sagrado na Prática Clínica

A reflexão acima levantou algumas pistas para compreendermos que tipo de espiritualidade as pessoas estão buscando no momento atual, e algumas considerações sobre a vivência religiosa no cotidiano contemporâneo. Fica que o fenômeno religioso é algo que faz parte da constituição do sujeito, e por isso mesmo a experiência clínica tem nos mostrado que uma grande parte das pessoas que buscam auxílio, por meio da ajuda psicológica, traz imbricada na sua vida cotidiana uma referência, das formas mais variadas, ao Sagrado. A maioria das pessoas pertence a filiações religiosas, e no mundo da pós-modernidade essas filiações têm caráter cada vez mais diversificado e com uma ênfase individualizante marcante.

A primeira dificuldade que surge quando o psicólogo esbarra na sua clínica com a experiência religiosa de seu cliente é sobre a questão de como interpretar esse fenômeno religioso, pois o paradigma científico não proporciona elementos para a compreensão da experiência da fé. Queremos dizer que os parâmetros da ciência psicológica, estruturados a partir do século XIX e tendo como pilar a compreensão de ciência elaborada a partir do século XVI, são um modo de compreender os fenômenos que têm o objetivo de operacionalizar e quantificar o referido objeto de estudo. Assim, automaticamente, o psicólogo é impelido a buscar uma explicação racional, própria do procedimento científico, para uma realidade que escapa à operacionalização científica. Buscamos com a análise psicológica desvendar uma relação com o Sagrado, que transcende os elementos psíquicos, pois o ato de fé é um "ato no qual o homem se compromete com sua existência afetiva, o carnal, e, ao mesmo tempo, com sua razão" (Vergote, 199, p. 97). A adesão religiosa é um ato existencial que engloba o homem como um todo. Tem, porém, elementos psicológicos implicados, mas não pode ser resumido a esses elementos.

Ora, essa é a primeira dificuldade com a qual o psicólogo clínico se depara em sua prática. Como buscar elementos fora do paradigma científico da psicologia para compreender a experiência religiosa de seu cliente? Estamos diante do conflito fé e ciência, isto é, queremos uma compreensão racional de um acontecimento, quando esse acontecimento só tem legibilidade a partir do paradigma da fé. Pelo paradigma científico, podemos desvendar os mecanismos psicológicos subjacentes ao ato da fé, mas o "pulo no escuro" é algo que não pode ser reduzido a elementos decorrentes do mero funcionamento do psíquico. O ato de fé de nosso cliente é um engajamento com toda a sua existência, que pressupõe relação com o absoluto, pois esse ato de fé possui elementos que escapam à racionalidade que orienta a ciência psicológica. É necessário, portanto, que tenhamos outros "óculos" para olharmos o fenômeno, isto é, que o psicólogo se abra para a aceitação de uma realidade que ele não pode explicar cientificamente. O máximo que ele pode fazer é desvelar os processos psicológicos que estão imbricados na vivência religiosa.

Em sua prática clínica, o psicólogo sempre faz algum raciocínio avaliativo, isto é, "em seus exames clínicos, formais ou informais, o profissional considera os aspectos sadios e patológicos, o modo de expressar esses conteúdos, o sentido que assumem, os conflitos e tensões relacionados a eles, o amadurecimento psicológico na forma de lidar com eles, seu reflexo na rede de relações dos sujeitos etc." (Ancona-Lopes, 1999,

p. 77). A autora quer dizer que todas as considerações levantadas pelo profissional da Psicologia têm um cunho avaliativo e "são desenvolvidas à luz das teorias de escolha e referência do profissional. Na medida em que essas não contemplam a questão de religiosidade" (Ancona-Lopes, 1999, p. 77), o psicólogo tende a buscar em outras referências, que não sejam da ciência psicológica, uma ajuda para a compreensão do fenômeno, e muitas vezes a partir de sua própria experiência de fé. O cliente, na maioria das vezes, compreende o seu sofrimento a partir do seu universo religioso e o psicólogo procura entender esse mesmo sofrimento a partir de sua teoria psicológica estruturada à luz de um paradigma científico. Esse conflito paradigmático é o que acima chamamos conflito da fé e da ciência, que às vezes dificulta o profissional pela sua visão reducionista da realidade, e o cliente pela sua incapacidade de ler toda sua vida só a partir do paradigma de fé.

A segunda observação sobre o impacto do religioso na prática clínica surge com a questão: Por que ter uma posição de acolhimento do fenômeno religioso? Se a psicologia trata de questões da subjetividade compreendidas à luz da realidade psíquica, como dar importância à religião que envolve dimensões e aspectos da vida humana, desprezados pelos psicólogos? Assistimos, também, à preocupação de algumas teorias em estudar o fenômeno religioso e explicar o referido fenômeno.

Em primeiro lugar, podemos destacar a importância do fenômeno religioso para o indivíduo. A vivência religiosa, que se caracteriza a partir de uma relação com um ser transcendente, tem impacto na vida humana, ou seja, é um poderoso organizador da realidade cotidiana das pessoas. Por isso mesmo Safra, quando fala do papel do Sagrado na constituição do "self", exprime com precisão o seguinte comentário: "O self não se estrutura de forma definitiva, mas sim em ciclos. O indivíduo pode ter elementos que se inscrevem no encontro com outro e muitos outros que não chegaram a evoluir, e se simbolizarem. Esse fenômeno leva o indivíduo a experimentar a necessidade de encontrar um objeto que possa promover a evolução dos aspectos do self, que não chegaram a acontecer pelo encontro com outro ser humano, condição necessária para colocar em marcha o processo de devir do Self" (Safra, p. 6). Essa reflexão mostra o papel que o contato com o Sagrado tem na organização da vida humana. O Sagrado é capaz de provocar experiências que vão metamorfosear o "self".

Por outro lado, alguns psicólogos vêm mostrando ao longo de seu trabalho a importância da religião na constituição da vida. Entre eles basta citar Jung, para quem a religião é uma realidade estruturante da existência. As práticas religiosas vividas, por meio da oração e dos ritos, provocam com seu conteúdo impacto na realidade psíquica do homem, ajudando-o, às vezes, a se encontrar como ser humano. Temos de estar atentos ao fato de que a Psicologia deve debruçar-se nas análises dos processos psicológicos que essas práticas implicam, e não se pode pronunciar sobre a natureza do fenômeno em si, que transcende a realidade psíquica. Desse modo, o psicólogo estudioso do fenômeno religioso procura colocar à luz de sua teoria as noções de natureza psicológicas que implicam a vivência do fenômeno.

Se destacarmos a importância da religião para a organização da vida subjetiva da pessoa, devemos, também, lembrar a significação da religião para a cultura. Percebemos ao longo da história da humanidade que a religião sempre foi um fator determinante na organização social de todas as civilizações e na explicitação de sua cultura. "As religiões, presentes em suas várias manifestações culturais, como a arquitetura, a arte, o vestuário, a alimentação, os ritos, as festas etc., participam fortemente do ambiente social no qual os indivíduos se desenvolvem." (Ancona-Lopes, 1999, p. 72) Ora, se a Psicologia não pode hoje ignorar o papel que o meio cultural joga na estruturação da subjetividade do ser humano, o clínico, que no seu consultório coloca à parte a dimensão do social, do contexto histórico-cultural, na compreensão da problemática que o homem atual traz para dentro do consultório, corre grande risco de não entender nada do que a pessoa está vivendo. Na maioria das vezes o profissional "é treinado para considerar as diferenças individuais e ignorar as diferenças sociais, o que o leva, muitas vezes, a esquecer-se da influência delas na constituição da subjetividade e no comportamento das pessoas" (Ancona-Lopes, 1999, p. 73).

Nessa perspectiva de destacar a importância da vivência religiosa na vida humana, gostaríamos de salientar um terceiro aspecto, que vem mostrar como o psicólogo deve preocupar-se com essa realidade. Cada vez mais os estudiosos se têm debruçado sobre as relações entre a religião e a saúde mental. Desde o início, no século XIX, quando a psicologia começou a surgir como ciência, a relação entre religião e saúde mental foi ponto de discórdia entre os psicólogos e alguns psiquiatras. Podemos classificar esse posicionamento em dois partidos. Um afirma que a religião é perigosa e até nociva para a saúde mental, pois ela não passa de uma ilusão. O outro grupo, ao contrário do primeiro, considera a religião necessária para a saúde mental. Com isso, queremos dizer que as vivências religiosas "adquirem diferentes conotações nas histórias pessoais e são fontes de significados e valores, com efeitos positivos ou negativos na constituição da saúde mental" (Ancona-Lopes, 1999, p. 72). Aqui destacamos a estrita relação entre religião e saúde mental, mas não é nosso objetivo analisar as implicações e os desdobramentos dessa relação.

A última questão, que aparece como necessária para a articulação entre a clínica e a religião, é delicada, pois nos coloca de frente com o problema da formação do psicólogo no mundo; afinal, como preparar o profissional para levar em consideração o fenômeno religioso na organização da subjetividade humana.

Tendo o profissional de psicologia uma religião ou não professando nenhum credo, ele deve admitir que a questão religiosa está presente e influenciando a organização da vida de seu cliente, caso esse explicite de forma clara, e às vezes difusa, a sua maneira de ser religioso. Aqui, quando estamos falando de ser religioso, não queremos nos restringir às pessoas que fazem da vida religiosa a opção primordial de sua vida. Trata-se, simplesmente, de professar uma crença para que a pessoa possa exprimir o seu modo de ser religioso.

O psicólogo deve ter no seu horizonte dois aspectos. Em primeiro lugar, clareza sobre o que vai "observar na estrutura e na função interna da religiosidade individual" (Ancona-Lopes, 1999, p. 74), ou seja, o que é necessário, do ponto de vista psicológico, observar no modo próprio de a pessoa viver a religião que ela professa. Segundo Ancona-Lopes "é preciso identificar os componentes significativos, presentes na configuração religiosa de cada um, as representações de Deus, as crenças que funcionam como eixos de organização interna, as convicções que norteiam atitudes e comportamentos diante de conflitos etc."(Ancona-Lopes, 1999, p. 74). Explicitar a dinâmica psicológica subjacente e a maneira de seu cliente organizar sua religiosidade são os pontos-chave do trabalho do psicólogo quando se reconhece a questão religiosa como um dos aspectos da vida humana.

Em segundo lugar, o psicólogo deve ter uma compreensão das tradições religiosas. O Brasil é um país denominado católico, isso significa que, embora hoje a Igreja Católica não tenha tantos adeptos como há alguns anos, o País não deixou de se organizar tendo na religião um de seus elementos principais. Não somos um país de ateus, mas, pelo contrário, profundamente mergulhados na tradição religiosa. O País de ponta a ponta, nas mais variadas regiões, professa uma crença que joga um papel decisivo na organização da subjetividade.

Procurar ter um conhecimento dessas tradições religiosas é decisivo para que o profissional da psicologia consiga entender como o religioso permeia toda a organização da vida pessoal de seu cliente. Esse, talvez, seja um desafio gigantesco para aquele profissional que no seu período acadêmico ignorou o papel da religião na vida humana, e mais: adquiriu a convicção, por meio da adesão às mais modernas teorias psicológicas, de que a vida não possui uma dimensão de transcendência.

Referências Bibliográficas

ANCONA-LOPES, M. Religião e Psicologia Clínica: Quatro Atitudes Básicas. In: MAHFOUD, M. e MASSINI, M. (orgs.) *Diante do Mistério*. Psicologia e Senso Religioso. São Paulo: Edições Loyola, 1999, p. 71-86.

BOFF, L. *Espiritualidade*. Um caminho de Transformação. Rio de Janeiro: Editora Sextante, 2001.

COELHO JR., A. G. e MAHFOUD. M. As *Dimensões Espiritual e Religiosa da Experiência Humana*: Distinções e Inter-relações na Obra de Viktor Frankl. Psicologia, USP, vol. 12, nº 12, 2001, p. 95-103.

DALAI-LAMA e CUTLER, H. *A Arte da Felicidade*. Um Manual para a Vida. São Paulo: Martins Fontes, 2001.

D'ANDREA, A. A. F. *O Self Perfeito e a Nova Era*. Individualismo e Reflexividade em Religiosidades Pós-tradicionais. São Paulo: Edições Loyola, 2001.

FRANKL, V. E. *Fundamentos Antropológicos da Psicoterapia*. Rio de Janeiro: Zahar, 1978.

GIOVANETTI, J. P. O Sagrado e a Experiência Religiosa na Psicoterapia. In: MAHFOUD, M. e MASSIMI, M. (orgs.). *Diante do Mistério. Psicologia e Senso Religioso*. São Paulo: Edições Loyola, 1999, p. 87-96.

_____. Religião e Subjetividade Contemporânea. In: Mac Dowel, J. A. (org.) *Saber Filosófico, História e Transcendência*. Homenagem ao Pe. Henrique Cláudio de Lima Vaz em seu 80º Aniversário. São Paulo: Edições Loyola, 2002, p. 287-296.

LELOUP, J. e HENNEZEL, M. "L'art du Mourrier". Apud. LEPARGNEUR, H. Da Religiosidade à Religião em Contexto Secular. In: *Atualização*. Belo Horizonte, nº 273. maio/jun. - 1998, p. 205-216.

LERSCH, P. *La Estrutura de la Personalidad*. Barcelona: Editorial Scientia, 1971.

OTTO, R. *O Sagrado*. Lisboa: Edições Loyola, 1992.

RENAUT, A. *O Indivíduo*. Reflexão Acerca da Filosofia do Sujeito. Rio de Janeiro: Difel, 1998.

SAFRA, G. *A Vivência do Sagrado e a Constituição do Self*. (Mimeografado.)

VAZ, H. C. L. *Antropologia Filosófica*. Vol. 1. São Paulo: Edições Loyola, 1992.

_____. Ética e Razão Moderna. In: *Síntese Nova Fase*, vol. 22, nº 68, 1995, p. 53-84.

_____. Humanismo Hoje: Tradição e Missão. In: *Síntese*, vol. 28, nº 91, 2001, p. 157-168.

VERGOTE, A. *Modernité et Christianisme*. Paris: Cerf, 1999.

_____. *Religion, Foi, Incroyance*. Bruxelas: Pierre Mardaga Éditeur, s/d.

Capítulo 2

PSICO-ONCOLOGIA PEDIÁTRICA: FÉ E ESPERANÇA COMO RECURSOS EXISTENCIAIS

Elizabeth Ranier Martins do Valle

Introdução

Com este texto pretendo fazer algumas reflexões sobre o significado da espiritualidade, da fé e da esperança na vida humana e das forças que isso tem para mobilizar as pessoas que se voltam para essas dimensões do existir quando se defrontam com uma doença grave – em si mesmas ou em alguém muito querido – e se angustiam diante da possibilidade de morte iminente.

Há cerca de 20 anos venho desenvolvendo um trabalho de psicologia integrado a uma equipe multidisciplinar em Oncologia Pediátrica no Departamento de Puericultura e Pediatria – Hospital das Clínicas da Faculdade de Medicina de Ribeirão Preto da Universidade de São Paulo. Minha aproximação com essa área dá-se por meio de assistência direta aos familiares da criança doente em grupos de apoio aos pais e familiares, da coordenação do desenvolvimento do Serviço de Psicologia que engloba três psicólogos contratados e estagiários de quinto ano de Psicologia, em número variável a cada ano, e da realização e orientação de pesquisas em Psico-oncologia Pediátrica. Minha postura, como psicóloga e pesquisadora, está calcada em uma abordagem fenomenológica – existencial – humanista. É com esse olhar que discorrerei sobre as temáticas enunciadas, uma vez que tenho tido a oportunidade de ouvir, por inúmeras vezes, o discurso de familiares e da própria criança com câncer pontuado pela fé na cura da doença, pela esperança de dias melhores, pela busca de sua espiritualidade, em um esforço de transcendência do momento atual, vivido, muitas vezes, com desespero.

1 - Espiritualidade, Fé e Esperança diante de Doença Grave

Ante as situações de solidão, de angústia, de morte é que mais se questiona a razão da existência e os resultados do sofrimento. Basta observar o choro e o olhar inquisitivo de uma criança com dor, ou o desespero de uma mãe que perdeu um filho. Nessas situações são buscadas respostas lógicas para o que está acontecendo ou já ocorreu... Mas nem sempre as pessoas encontram as respostas almejadas e, então, podem sentir-se inadequadas, incompetentes ou impotentes (Daniel, 1983). E a esses sentimentos mescla-se um estado incontrolável, mais forte que o da conservação da vida, na procura de algo confortante, além de si próprio e da ajuda recebida dos outros – uma busca do transcendental, inerente à existência mesma. Essa busca pode ser traduzida como "necessidade espiritual".

Mesmo quando o homem não aceita a existência de um ser superior, reconhece que, principalmente, em momentos de profunda angústia, a força e o poder pessoal não são suficientes para garantir plena segurança. Viver põe o homem em constante perigo e a angústia de fracassar, de ser submetido, de não ter controle nem respostas para as situações emergentes do viver levam-no a buscar algo mais forte e poderoso do que ele, na ânsia de suprir suas deficiências e fragilidades. Então ele completa seu próprio mundo a partir de suas necessidades e de sua intencionalidade em um cotidiano em que convive com enigmas, obscuridades, questões duvidosas ou inexplicáveis.

O sentimento íntimo de segurança e proteção de algo superior, que transcende a concretude desse cotidiano ser-no-mundo é confortante e pode emanar dos que possuem esses atributos, expandindo-se, propagando-se a quem está próximo por meio do ser-com-o-outro. A experiência de possuir essa proteção não pode ser explicada, mas pode ser sentida pela esperança e fé que permeiam o existir humano em alguns, vários ou inúmeros momentos dependendo de cada um e das circunstâncias vividas (Daniel, 1983).

Cabe, então, definir a fé. Fé é definida nos dicionários como crença religiosa, crédito, confiança, virtude teologal. No sentido moderno, fé está associada a Deus e ao sobrenatural, opondo-se ao que é natural e acessível à razão (Amatuzzi, 1999).

Angerami (2001) distingue dois tipos de fé: a perceptiva, quando acreditamos em nossas próprias percepções e temos convicção da existência de algum fato ou da veracidade de uma observação (por exemplo: estou vendo uma flor vermelha e acredito que seja uma flor vermelha); e a fé dogmática, estruturada em algo que não depende de fatos para se tornar realidade como, por exemplo, quem crê em Deus não precisa de nada, além de sua fé, para Nele acreditar, nem da fé perceptiva (vê-lo, ouvi-lo, senti-lo...).

Nesse sentido a fé religiosa pode ser considerada um exemplo de fé dogmática.

De modo geral, Amatuzzi (1999) descreve a fé como um traço de caráter que se mostra como firmeza, determinação, confiança (no mundo, no outro, em nós mesmos). Ela se torna religiosa quando seu objeto último é concebido como transcendente e misterioso, a partir da experiência vivida e, posteriormente simbolizada, da relação com o todo.

Portanto, a fé re-liga o ser humano a um significado do todo, permitindo, por isso mesmo, um encontro com o significado de si próprio, em investimento totalizante (religião – em sentido amplo, conforme Amatuzzi, 1999).

A religião e a fé proporcionam ao homem um estado de segurança e sustentação espiritual ímpar, contribuindo para a conservação de seu equilíbrio vital (Frankl, 1992).

Ter fé em algo pode ser encontrar um sentido de vida. O ser humano está sempre orientado para o futuro, para algo que o transcenda, seja um projeto a realizar, uma pessoa a encontrar... A transcendência de si mesmo constitui a essência da existência humana para Frankl (1991), e para esse autor o que impulsiona o homem é a vontade de sentido (diferente da vontade de poder de Adler ou de prazer de Freud). A doença e a morte podem ser vividas como a busca de um sentido. Poderia exemplificar com a fala de uma mãe que perdeu sua filha, vítima de um câncer: "Ela viveu tão pouco... acho que era um ser especial, que veio para mostrar alguma coisa... um anjo!" (Valle, 1988).

Ou ainda com a fala de outra mãe, cujo diagnóstico de câncer havia sido dado recentemente: "Acho que essa doença veio para me ensinar alguma coisa" (idem).

Quando isso não acontece, quando há perda da vivência de um sentido de vida diante de uma doença grave como é o câncer em um filho, pode ocorrer o vazio existencial – uma enfermidade menos mental que espiritual, proveniente, portanto, da convicção de que nada tem ou faz sentido. Nesse caso uma angústia parece estender-se como um estar-no-mundo em estado de carência ou de temor indeterminado que mostra a precariedade da condição humana diante da vitória do mal e do fracasso da medicina, dos remédios (Carvalho, 2002).

A fé e a religiosidade podem vir a preencher esse vazio explicativo para a doença que se instala, para a morte que se avizinha ou que já aconteceu.

São estreitas as relações entre fé e sentido. A fé não se trata apenas de uma vontade do sentido, mas da vontade de um sentido último – do supra-sentido... A religião já foi definida por Einstein como fé no sentido último da vida. E, para Frankl (1992), a vida conserva esse sentido em quaisquer circunstâncias – independentemente do fato de que sua duração seja longa ou curta... Ou a vida carece de significância, de sentido, e aí, não importa quanto dure.

Quando ocorre algum tipo de crise durante o tratamento de câncer, como uma recidiva ou agravamento do estado da criança, a religião e a fé emergem como recurso fundamental diante dessa fase temporal para as mães:

> Enquanto tiver um tratamento, tanto pela minha fé, como pelas orações... sei que Deus vai curar minha filha. Ele vai curar!... (Espíndula, 2001).

> A cura dessa doença é a união dos médicos, é o recebimento do tratamento dos enfermeiros, o tratamento em casa, a fé e a vontade de Deus... É um conjunto de coisas que curam (idem).

> Eu só não consegui me revoltar, graças a Deus. Eu acho que a gente tem a proteção de Deus... a fé... A gente tem que se apegar em alguma coisa, principalmente em Deus (Valle, 1988).

Quando a família não perde o ponto de apoio espiritual e consegue traçar e projetar uma meta a seguir, mesmo sofrendo, de algum modo vislumbra um futuro, pelo compromisso com o momento. Aí reside a esperança, que implica a capacidade que o homem tem de descobrir o sentido único e singular oculto em cada situação.

Para Xausa (1988) há um poder de resistência do espírito vinculado à esperança – em toda situação de sofrimento é observado o sentido da esperança. E eu completaria, tendo em vista a Oncologia Pediátrica: esperança e/ou fé do familiar de que se descubra uma medicação que cure definitivamente; de que tal médico é o melhor e vai aliviar ou mesmo salvar seu filho; e, até mesmo, de que na morte vai haver uma vida de paz para o filho, junto aos anjos, junto a Deus. A fé é, nesse caso, caracterizada pela prospecção do futuro – ocasião de liberdade em que a esperança apazigua o Ser (de o remédio acabar com a doença; de se encontrar um médico especial que livre o seu filho do sofrimento e da morte; de a criança chegar ao alívio de suas dores, à paz, a uma recompensa – estar no céu – após a morte física).

O tratamento de câncer em um filho reveste-se de ambigüidades: ao mesmo tempo que gera angústia, pode trazer esperança. Os pais precisam da esperança e da fé, mesmo na fase terminal da doença. Não ter esperança é não ter horizonte, não ter futuro, não ter perspectiva, eliminando, assim, suas possibilidades de ser (Valle, 1988). E é isso que eles verbalizam: "Acho que não se pode perder a esperança, a fé... se tiver que ser meu..." (idem).

Algumas vezes, ao lado da fé surge um conformismo, que também é um modo de conviver com a angústia. O apego à religião pode ser uma forma de conformismo que propicia cercear o próprio ser. A decisão do futuro de seu filho e o de si mesmos, enquanto pais, é colocada em um ser superior – Deus – que tudo pode e tudo sabe. Nessa postura conseguem aliviar, momentaneamente, a angústia da possibilidade do não ser mais do filho, mas, também, pode significar a perda de seu próprio ser. Por não vislumbrarem a conscientização do seu querer próprio, de seu poder ser em relação à realidade do filho, conformam-se em aceitar o querer e o poder desse ser superior submetendo-se à Sua vontade. Nesse caso há a negação da liberdade existencial: os pais querem fugir da sua responsabilidade que emerge da condição da liberdade de uma escolha efetuada – não assumem o seu ser-si-próprio na situação, mas deixam que os outros, os médicos, o acaso, Deus... sejam os que fazem as coisas acontecerem.

Para May (1967), o conformismo é a tendência do indivíduo a perder-se no impessoal com a correspondente perda de sua própria consciência e potencialidade e de tudo que possa caracterizá-lo como um ser original e único. É o viver inautêntico (Heidegger, 1967).

As falas dos pais mostram esse "abrir mão" do seu querer: "Sou conformada... A gente não pode fazer nada... O que Deus faz tá bem feito" (Valle, 1988).

No cotidiano, em certos momentos, alguns pais de crianças com câncer revelam em suas falas momentos de fé não tão caracterizados por um sentimento de encontro com Deus ou com a religião, mas de uma fé genérica que é manifesta por um conformismo necessário à sua sobrevivência no mundo da doença: "A gente tem que ter fé" (Valle, 1988); "É só com Deus mesmo..." (Espíndula, 2001).

Mas de modo geral os pais sentem necessidade de se apegarem à fé e à esperança como últimos recursos para encararem a facticidade de ser-aí-no-mundo-com-seu-filho-doente, pois tais recursos lhes possibilitam escapar, de momento, à angústia da antecipação da finitude da criança. Então, na experiência religiosa, pode surgir a aceitação da realidade pessoal. Na fala dessa mãe:

... Eu senti uma paz tão tranqüila... Porque eu acho que eu tava encontrando Ele (Deus)... agora a gente aceita (a possibilidade de morte). Aceita e é vontade Dele (Valle, 1988).

... Porque não adianta eu querer ver ele sofrendo na cama um ano, dois anos, dez anos... Pra que eu vou querer um menino sentindo dor, um aparelho aqui, outro ali... Eu quero que ele fique bom para mim e que volte a ser uma criança que possa brincar, ir à escola... Sou uma pessoa muito religiosa, creio muito em Deus... Deus faz a parte Dele e eu faço a minha (Espíndula, 2001).

Estou aqui lutando. O que eu posso fazer com ele, estou fazendo. Seja para ganhar ou seja para perder, eu vou até o fim... Eu falo todas as noites com Deus... eu tenho esperanças (idem, 2001).

A capacidade de transcendência dessas mães fundamenta-se na espiritualidade que reconhece a abertura do ser humano para Deus e considera a resposta deste, estabelecendo, assim, uma relação interpessoal Deus-pessoa: conversar com Deus, entregar seu filho a Ele, pedir Sua proteção... Nesse caso, citando Buber (1977), as mães falam com Deus sob a forma de um Tu.

Além disso, nos depoimentos dessas mães, aparece a coragem da confiança baseada em Deus, que é experimentada em encontro único e pessoal. Esse tipo de coragem transcende a coragem de ser-como-si-próprio e não é ameaçada pela perda do próprio eu, nem pela perda do próprio mundo. Assim é a fé, base da coragem de ser, mesmo em face da possibilidade de não ser (Tillich, 1972).

Nesses momentos, por meio da fé, os pais reúnem coragem para enfrentar a angústia diante da morte iminente de um filho – momentos esses vividos como aceitação construtiva da angústia. Os pais encaram de frente a situação em que foram lançados sem recorrer a subterfúgios, sem se deixar absorver pela impessoalidade do "a gente". Assumem-se com autenticidade enquanto pais de uma criança com doença grave, que sofre e que tem a possibilidade de morrer. Reconhecem que é chegado um momento em que não há mais possibilidades de controle ou cura, confrontando-se com a realidade irreversível do quadro clínico de seu filho:

> Eu sei que vou perder o meu filho... eu sei que vou...Vejo meu filho sofrer muito... se eu perder, o que vou fazer?... Agora eu enfrento o que meu filho passa, antes eu só chorava... meu choro não resolveu nada, ele não sarou... Se Deus for tirar ele de mim, quero que tire rápido e dê toda força para mim... Já entreguei meu filho nas mãos de Deus... (Valle, 1988).

Quando a morte é certa, isso se dá ao modo de uma revelação crucial, mas ainda há lugar para a esperança por uma morte digna e sem sofrimento, que preserve a integridade física do filho. Os pais, então, sentem-se suficientemente fortes para se exporem a essa angústia primordial, e o morrer que parecia paralisante revela-se como uma parte da vida, a completude, o fechamento do ser-no-mundo de seu filho. E é por compreenderem o sofrimento da criança, já em fase terminal, que, em modo de revelação de um amor maior, aceitam perdê-lo, à custa de seu próprio sofrimento.

É nessa experiência de amor que os pais se abrem à essência total e não disfarçada da angústia, encontrando, assim, a liberdade do poder ser e também do não-ser, do "nada".

> Somente quando o Ser é capaz de fazer constantes confrontos com sua angústia primordial e apreender o sentido ontológico da sua finitude, pode ele também se libertar da existência impessoal, da servidão das atividades e preocupações que era imposta em seu cotidiano, da tirania dos juízos, leis e valores do domínio público que ditava seu comportamento (Michelazzo, 2002, p. 194).

Então, é possível observar que há momentos em que o ser-mãe revela-se no modo impessoal, conformista, inautêntico, de viver a possibilidade da morte em seu filho e, em outros, vive autenticamente o seu ser-para-o-fim (do filho).

Michelazzo (2002, p. 193) interroga-se: como dá-se a passagem entre esses dois modos de existência? E, apoiado em Heidegger, diz que a passagem dos modos inautênticos de ser para o autêntico pode acontecer quando o Ser começa a ceder aos apelos e pressões do ontológico – àqueles traços que fundam e constituem nosso modo de ser.

> Esses apelos e pressões aparecem nas trincas, nas fendas da nossa existência superficial... quando nos damos conta de nossas desilusões, de

nossa agitação frenética e ao mesmo tempo vazia, ou ainda quando somos surpreendidos por uma doença grave – isso faz com que nossa segurança desapareça e, em seu lugar, somos invadidos por um sentimento de inquietude... todos eles falam da condição finita de nosso ser... e diante deles nos angustiamos... a maior pressão ontológica é o nosso morrer (idem, p. 193).

Heidegger (1967), ao realizar a analítica do ser do homem ocidental, mostra que na sua existência estão incluídas todas as determinações essenciais que configuram os seus modos de existir. Embora ao homem seja dada a possibilidade de ter uma compreensão prévia do sentido do ser-no-mundo, isso não quer dizer que esta compreensão seja explícita, autêntica ou verdadeira (Michelazzo, 2002).

> ... na maioria das vezes o sentido do Ser joga conosco um jogo de "esconde-esconde", ele muitas vezes se oculta por detrás das aparências, ele se dissimula, disfarça, se recolhe. "Ser" e "parecer ser" fazem, portanto, parte desse jogo caleidoscópico do real, em que o Ser das coisas brinca conosco, fazendo com que tenhamos diversas compreensões: a enganosa, a superficial, a simulada, a falsa, a surpreendente, a aparente e também a verdadeira. Todas elas são modos de compreender o sentido de Ser (Michelazzo, 2002, p.191).

Quando o ser humano é absorvido no mundo ao qual está circumundanamente referido, ele passa a ser arrebatado pelos outros, seu ser-com-os-outros dissolve-se nos modos de ser dos outros e ele deixa de ser-si-mesmo para confundir-se com todos, que é o "a gente", o indefinido, que prescreve o modo de ser da cotidianidade. A existência, assim, é imprópria, conformista, inautêntica. Nesse caso, "cada um é o outro e ninguém é ele mesmo" (Heidegger, 1981, p. 51).

Por outro lado, assumir a existência autêntica leva a uma inquietude, pois o Ser terá que aceitar uma tarefa inexorável – a de "ter que ser", a de cuidar-se, a de tornar-se, a de construir-se (Michelazzo, 2002, p. 192). E, acima de tudo, a de ter que assumir a sua finitude. O ser humano só pode chegar a apreender a sua totalidade quando enfrenta a morte – sua ou de algum ente querido. O ser-autêntico é um ser-para-a-morte (Heidegger, 1967).

O homem está no mundo para a morte. É preciso prever esse momento e não dissimulá-lo (Carvalho, 2002). O processo do morrer é o horizonte e o limite do futuro que torna o presente um misto da retomada do passado e da antecipação do futuro. A temporalidade é o sentido da existência (idem).

Portanto, na minha experiência de assistência e pesquisa na área do câncer infantil tenho presenciado inúmeras situações que envolvem queixas excessivas, questionamentos sobre o porquê da ocorrência da doença, sentimentos de isolamento e de dependência, dentre outros, e também sentimentos de fé em Deus, na religião e esperanças em futuro melhor que, de algum modo, aliviam ser-no-mundo-com-um-filho que tem câncer.

Entendo, então, que religião, fé, esperança, sentido de vida são recursos existenciais para amenizar o sofrimento, as perdas e para ressignificar a vida com as transformações pungentes que ela traz. Para os familiares, parece ser indispensável o apego a algum tipo de ajuda que transcenda a si mesmo. Em sua dimensão espiritual, ampliam as perspectivas do futuro, superando os sentimentos de impotência e a conseqüente limitação do ser. Desse modo, a esperança da cura de um filho pode fundar-se em crenças espirituais, na fé em um ser superior que aponte para um sentido nessa convivência com o câncer e com a possibilidade de morte.

Para Silva (2002), as crenças espirituais podem facilitar à família o enfrentamento de sua fragilidade ante o incompreensível: a doença, o sofrimento e a morte.

E a esperança permite que as pessoas se defrontem com esse mundo hostil e conservem razões para sobreviver.

2 - O Profissional de Saúde e a Assistência Espiritual

A dimensão espiritual da existência, capaz de abrigar a fé, a esperança e a religiosidade pode ser um dos aspectos dos cuidados do profissional de saúde.

Para Daniel (1983), quando os aspectos espirituais são levados em conta nos cuidados ao paciente e aos seus familiares, os resultados podem ser notados. Traduzem-se pela confiança manifestada pelas pessoas ao receberem um tipo de ajuda que pode ser desde uma presença serena, um olhar compassivo, um segurar as mãos, um toque, uma palavra de conforto, de fé e esperança... É preciso ser sensível ao outro, apreender suas necessidades – enfim, ser-com-o-outro, cuidar dele, permitir a ele ser ele mesmo nesse processo em que o ser-com possibilita a sua compreensão de ser-si-mesmo que leva à compreensão do outro. Assim, o outro é, de imediato, desvelado na solicitude cuidadosa.

Bernard Hoerni (1985), médico francês, recomenda que o profissional de saúde deve cuidar muito bem do que ele diz ao enfermo e aos familiares, evitando fazer afirmativas muito precisas, como, por exemplo, marcar o tempo de vida da pessoa acometida por doença grave. Se há possibilidade de recaída, o médico deve falar sobre isso sem grande dramatização, mas, sempre dando garantias que ele estará lá para cuidar. Mais que uma garantia de cura, os familiares e o paciente querem garantias de que serão cuidados, nunca abandonados.

O profissional de saúde deve evitar destruir a esperança com um discurso brutal. É importante manter a confiança de quem está sendo cuidado, ajudá-lo e apoiá-lo nos momentos em que ele tiver dificuldades. Os familiares e o paciente não devem jamais perder a esperança de que eles podem contar sempre com os profissionais para aliviá-los, tanto física como espiritualmente. Inclusive para ajudá-los no processo do morrer, em paz e com dignidade.

Para Michelazzo (2002), quando o outro necessita de nossa ajuda profissional, a postura de nossa prática deve ser a da busca de algo que ele já possui de certa maneira: o outro já tem uma compreensão implícita, pré-ontológica do sentido de sua dor, da sua dificuldade, do seu sofrimento e, até mesmo, das suas possibilidades negadas. Assim, nos encontros com o paciente e com a família cabe ao profissional acompanhar e ajudar a ampliar aquilo que o outro sabe pré-ontologicamente, favorecendo que se coloque em uma perspectiva ontológica e que se aproxime da sua condição humana mais primordial.

> E acompanhar o outro nessa sua passagem significa assumir uma tarefa de maestria, tornando explícita, para o outro, a posse do sentido de sua dor ou de sua limitação... Para o profissional de saúde é um constante desafio colocar-se à escuta de uma compreensão mais fundamental dos modos co-

tidianos de coexistência, e descobrir que, por trás dessa sua aparente superficialidade escondem-se os enigmas mais contundentes da nossa condição humana (idem, p. 195).

É na compreensão da angústia do outro, que pode ser a sua própria angústia, que o profissional de saúde pode ser autêntico com o familiar ou com a criança doente. É a angústia que propicia a passagem do não-eu ao eu. É quando o homem se reencontra, consegue ser-si-mesmo, descobre sua liberdade de ser.

Para Boss (1975, p. 37), "a angústia, superando-se a si mesma, abre o caminho do amor ao infinito, que tudo abriga e não simplesmente é".

O apoio espiritual não pode ser posposto e o profissional de saúde pode abrir-se ao ser em sofrimento, mostrando compreensão e consideração a ele, sensibilizando-se com os sinais que apontam para as necessidades de ajuda espiritual: o choro, a dependência, o desespero, os questionamentos... e reconhecer a disposição desse ser para receber ajuda (Daniel, 1983).

O depoimento de uma enfermeira que presta cuidados àqueles que estão morrendo será apresentado a seguir, com o intuito de atingir outros cuidadores, profissionais de saúde, que podem deparar-se com essa missão:

> A capacidade de doação só é descoberta quando nos sintonizamos com a dor do outro. Nunca tive medo de me expor e de me envolver com o ser humano, de partilhar, de ser, de acreditar na vida, da qual a morte é uma etapa. Tudo são formas para mim de amar. Ao compreender a essência do outro na sua vida e na sua morte, passo a compreender-me e a explicar a mim mesma minha trajetória no ato e na arte de cuidar de seres no seu existir. Desvelar a morte é desvelar o sentido da vida (Carvalho, 2002, p. 227).

Gostaria de finalizar essas palavras com alguns versos do poeta Rubem Alves:

> A esperança é o tempo ao contrário, um pássaro do futuro à procura de um ninho onde colocar os seus ovos, no presente. Chocados, deles sai a Beleza... Esperança é uma melodia que vem do futuro. Fé é dançá-la no presente.

Referências Bibliográficas

AMATUZZI, M. M. Religião e Sentido de Vida – Um Estudo Teórico. In: *Temas em Psicologia.* v. 7, nº 2, p.183-190.

ANGERAMI, V. A. O fenômeno da fé. A construção da subjetividade. In: Angerami, V. A. *Temas em Psicoterapia.* São Paulo: Pioneira Thomson Learning, 2003.

_____. O Papel da Espiritualidade na Prática Clínica. In: Angerami, V. A. (org.) *Temas em Psicoterapia.* São Paulo: Pioneira Thomson Learning, 2003.

BOSS, M. *Angústia, Culpa e Libertação.* São Paulo: Livraria Duas Cidades, 1975.

CARVALHO, M. V. B. Atravessando a Dor Existencial em Face do Processo do Morrer. In: Castro, D. S. P. et al. *Existência e Saúde.* São Paulo: Fenpec/Umesp-Sobraphe, p. 221-228, 2002.

DANIEL, L. F. *Atitudes Interpessoais em Enfermagem.* São Paulo: EPU, 1983.

ESPÍNDULA, J. A. *Vivências de Mães em Situação de Recidiva de Câncer em seus Filhos.* Ribeirão Preto: 2001. Dissertação (mestrado). Faculdade de Filosofia, Ciências e Letras de Ribeirão Preto – USP.

FRANKL, V. E. *Em Busca do Sentido:* um Psicólogo no Campo de Concentração. Petrópolis: Vozes, 1991.

_____. *Psicoanalisis y Existencialismo* – De la Psicoterapia a la Logoterapia. México: Breviarios, 1992.

HEIDEGGER, M. *El Ser Y el Tiempo* (Tradução de J. Gaos). México: Fondo de Cultura, 1967. (Original alemão, 1927)

_____. *Todos Nós... Ninguém:* um enfoque fenomenológico do social. São Paulo: Moraes, 1981.

HOERNI, B. *Paroles et Silences du Médecin*. France: Flammarion, 1985.

MAY, R. *Psicologia e Dilema Humano* (Tradução de Cabral). Rio de Janeiro: Zahar, 1974. (Original norte-americano, 1967)

MICHELAZZO, J. C. Fenomenologia Existencial e os Modos Cotidianos de Coexistência. In: Castro, D. S. P. et al. *Existência e Saúde*. São Paulo: Fenpec/Umesp-Sobraphe, p. 187-196, 2002.

SILVA, A. R. B. *Convivendo com o Câncer Ginecológico Avançado:* em Foco a Mulher e seus Familiares. São Paulo: 2002. Tese (doutorado). Escola de Enfermagem – USP.

TILLICH, P. *A Coragem de ser* (Tradução de E. Malheiros). Rio de Janeiro: Paz e Terra, 1972. (Original norte-americano, 1952)

VALLE, E. R. M. *Ser-no-mundo-com-o-filho Portador de Câncer* – Hermenêutica de Discursos de Pais. São Paulo: 1988. Tese (doutorado). Instituto de Psicologia – USP.

XAUSA, I. A. M. *A Psicologia do Sentido da Vida*. Petrópolis: Vozes, 1988.

Uma Noite Estrelada de Outono

Valdemar Augusto Angerami

*É outono...
uma noite fria e estrelada de outono...
Bush já escolheu o novo alvo
para sua fúria incontida...
novas eleições presidenciais no Brasil...
e novamente aqueles que diziam
representar o povo, cuidam apenas
dos interesses dos gatos gordos
do mercado financeiro...
e ao povo mais miséria...
mais fome... mais desemprego...
mais desespero... mais desamparo...
e ninguém sabe por quê
a violência é cada vez
maior e mais cruel...
o Morumbi Fashion promete
agitar os circuitos paulistanos...
um novo modelo de carro
foi lançado no mercado...*

É outono...
tempo de repouso da própria vida...
a fúria das gangues metropolitanas
faz novas vítimas... que se tornam
apenas um número frio nas estatísticas...
a indústria de entretenimento hollywoodiana
está criando novos filmes sobre o
holocausto... e quem vai mostrar
as invasões nas terras palestinas?!
E a dizimação do povo palestino
pelos israelenses?!
A coca-cola é lançada em nova
embalagem... tudo é muito divertido...
tudo muito light... a destruição
do universo sendo cantada em
prosa e verso... a gravidez
na adolescência é a preocupação
do momento... o trânsito das
grandes cidades beira o absurdo...
a violência esvazia os centros
urbanos... e decreta o fechamento
de cinemas, restaurantes e lojas...
"eu te amo" diz o apaixonado...
para quem e por quê?! E para que o amor se a violência é
o nosso mote de vida?!

É outono...
tempo de recolhimento da
quaresma... da destruição, do
desmatamento que ceifa
nossas florestas impiedosamente...
tempo da florada da Quaresmeira...
e da Cassia Aleluia... e também
das chacinas que ocorrem nas
periferias das grandes cidades...
tempo da desilusão de que
teríamos, no Brasil, uma

*sociedade, justa e fraterna...
tempo do nada... de dor...
do desencanto... da desarmonia...
do pranto... do sofrimento...
é mais um outono quando
a esperança torna-se medo...
quando a violência espanta
o prazer... quando o desespero
acua a dignidade... quando o ódio
espanca o amor... tempo
quando tudo é impiedoso...
tudo é desigual... tempo quando
a lei do mais forte é cada
vez mais soberana... quando o som dos canhões cala
a voz dos justos... dos que
clamam por fraternidade
e solidariedade*

*É outono...
e o outono é lindo
por si só...*

Serra da Cantareira, numa noite de outono

Capítulo 3

REPENSANDO A ÉTICA NA PSICOTERAPIA VIVENCIAL
Tereza Cristina Saldanha Erthal

No fundo de nós próprios, todos nós ocultamos uma ruptura escandalosa que, revelada, nos mudaria subitamente em "objeto de reprovação". Isolados, censurados pelos nossos fracassos, principalmente em circunstâncias insignificantes, nós conhecemos toda a angústia de errar e de não podermos confessar o erro, de ter razão e não podermos dar razão. Oscilamos todos nós entre a tentação de nos preferirmos a tudo (porque a nossa consciência é para nós o centro do mundo) e a de preferirmos tudo à nossa consciência... Acusadores como todos os outros, estamos ao mesmo tempo sozinhos e acusados por todos. Como a relação social é ambígua e comporta sempre uma parte de fracasso, como somos simultaneamente a multidão chinesa que ri e o chinês aterrado que arrastam ao suplício, como cada pensamento divide tanto quanto une, como toda palavra aproxima pelo que exprime e isola pelo que não diz, como um abismo intransponível separa a certeza subjetiva que temos de nós mesmos e a verdade objetiva que somos para os outros, como não deixamos de nos julgar culpados exatamente quando nos sentimos inocentes, como um acontecimento transforma as melhores intenções em vontade criminosa não apenas na História mas até na vida familiar, como não estamos nunca seguros de retrospectivamente nos tornarmos traidores, como fracassamos sempre na comunicação, no amor, em nos fazermos amar, e cada fracasso nos faz experimentar a nossa solidão, como sonhamos às vezes em apagar a nossa singularidade criminosa confessando-a humildemente, e outras vezes em afirmá-la em desafio na vã esperança de a assumir inteiramente, como somos conformistas às claras, vencidos e patifes no segredo da consciência, como o único recurso do culpado e a única dignidade é a idéia obstinada, o amor, a má-fé e o ressentimento, como não podemos nos arrancar até a objetividade que nos esmaga nem despir a subjetividade que nos desterra, como não nos é permitido nem nos elevar ao ser nem nos abismar no nada, como em todas as circunstâncias somos impossíveis nulidades, é necessário escutar a voz de Genêt, nosso próximo, nosso irmão.

(Uma das mais belas passagens da literatura encontrada na última parte do livro *Saint Genêt, Comédien et Martyr*, Sartre, 1952.)

Introdução

A ética é uma modalidade do pensamento que se dispõe a responder e a interrogar o sentido da existência, como se situa a liberdade em face da natureza humana e do destino tomado em sentido mais amplo, porque somos o que pensamos ser, o que é a felicidade, o trágico, a vida, a morte, qual a origem da decisão ética e da escolha do ato moral.

(Veríssimo, 1996, p. 6)

Nos tempos modernos parece existir um pressuposto fundamental: o individualismo, que se revela como um ponto de partida no processo emancipatório, mas que não deveria esgotar-se aí. Tudo hoje parece ser sujeito ou objeto, categorias reais e realidades intercambiáveis. Entretanto, o mundo, o homem e a humanidade se entrosam de modo a desafiar a própria constituição de uma nova ética. O novo desafio da ética é encontrar um ponto abrangente e capaz de interpretar o homem e a humanidade nas suas novas circunstâncias. O comportamento de uma pessoa sempre se refere e se relaciona a outro ser humano, à comunidade, ao todo. É a passagem de uma microética à macroética.

Olinto Pegoraro (1997), ao tratar os paradigmas éticos existentes, mostra como as questões radicais sobre as quais se ergueram as teorias éticas se alteraram ao longo do tempo. Perguntas tais como "qual é a natureza do homem?" e "qual é a sua finalidade?" são respondidas por Aristóteles e Platão calcadas na prática das virtudes. Séculos mais tarde, os pensadores cristãos construíram uma nova ética baseada na visão bíblica, ou seja, uma moral em cima de um conceito de natureza humana voltada para o sagrado. Nesse caso, o destino humano encontra a sua conclusão na fé aberta à eternidade e a ética finca suas bases na vontade divina. Kant já aparece com um novo paradigma apoiado no conceito de lei moral. Trata-se de uma resolução da ética pelo cumprimento da lei. Para ele, existe uma ética autônoma fundada na interioridade da consciência livre e inteligente que culmina na responsabilidade pelas ações. Kant fala em termos de lei, existindo um imperativo categórico a ser admitido pelo homem individualmente, transformando ação em norma universal para todos os outros. A norma se restringe ao ato de cada indivíduo ter de assumir a sua responsabilidade universal, alheia ao dever-ser dos velhos valores objetivos.

De qualquer forma, os tipos de pensamentos acima mencionados dignificam a pessoa como centro da ética, querendo com isso dizer que cada um constrói a base da moralidade. Parece, então, existir duas formas de pensar a ética: a ética clássica greco-cristã, cujo ponto de partida é a concepção global, metafísica, fundada na natureza finalizada; e a ética que inspira as novas teorias propondo uma ética autônoma, independente das forças divinas, consistindo no cumprimento moral por ela mesma, não visando alcançar nenhuma finalidade preestabelecida.

A ética precisa dar conta da interação entre os seres, superando a ética absoluta fundada nos conceitos de consciência, natureza ou razão. Ainda segundo Pegoraro (1997, p. 33):

> A ética é: referência incondicional à pessoa na sociedade e no universo. Segundo esta concepção, a ética constitui-se de três dimensões integradas. Em primeiro lugar, o princípio da ética é a própria vida humana em processo histórico de autoconstrução. A pessoa não é somente uma estrutura ontológica consciente e livre; mas é também vivência cultural e histórica, com informações gerais e científicas, com uma filosofia, uma religião e com experiências cotidianas diferentes. Em segundo lugar, a vida ética que começa nas pessoas estende-se necessariamente ao convívio social, isto é, o animal social é também um animal político que se relaciona com outros, construindo uma sociedade digna de outros. Em terceiro lugar, a ética é mais ampla que a vida pessoal e social; ela abrange o universo, envolvendo todos os seres vivos ou não...

Leonardo Boff (1997) defende a idéia de que tudo está em relação com tudo. Nada está isolado, existindo solitário, de si para si. Tudo co-existe e inter-existe com todos os outros seres do universo. De acordo com ele, a moderna ciência, que surgiu com Newton, Copérnico e Galileu Galilei, não soube lidar com a complexidade. Vários saberes particulares surgiram. A especialidade precisou os detalhes, mas perdeu de vista a totalidade.

> Não existe a célula sozinha. Ela é parte de um tecido, que é parte de um órgão, que é parte de um organismo, que é parte de um nicho ecológico, que é parte de um ecossistema, que é parte do planeta Terra, que é parte de um Sistema Solar, que é parte de uma galáxia... (p. 73)

Tudo tem a ver com tudo e as próprias dualidades são dimensões de uma única realidade complexa. Forma uma dualidade, não um dualismo, já que este implica ver os pares como realidades justapostas sem relação entre si. A dualidade consiste em ver o "e" e o dualismo vê o "ou".

A dialética ético-moral é bem analisada por ele quando afirma que o ser humano modela uma parte do mundo a seu jeito, construindo um abrigo protetor e permanente. A ética, ou morada humana, não é construída de uma só vez, mas o fazer humano transforma em habitável a casa que construiu para si. Tudo aquilo que ajuda a melhorar o ambiente para que se torne uma morada saudável é por ele chamado de ética. Moral diz respeito aos costumes e tradições vinculados a sistemas de valores. É sempre plural, pois existem tantas morais quantas culturas. A ética assume a moral impedindo que ela se funde sobre si mesma. Assim, a moral deve renovar-se sob a orientação da ética.

Os moldes de uma nova ética apontam para aquilo que confere sentido à vida. Aparece quando o indivíduo dialoga e interage com outro ser humano em uma ética que não é individual, mas relacional.

> A rigor, aquele que pensa exclusivamente em seus objetivos sem interessar-se pelos outros vive uma situação pré-ética, sem saída. Mesmo que conseguisse todos os seus interesses individuais, ao realizar o último, talvez deva confessar que não é feliz.

> Por isso, a abertura aos outros é o engajamento para realizar objetivos do interesse de todos, dando sentido e significado ético à existência... (Pegoraro, 1977, p. 66)

Falamos então da lógica dialógica que procura uma atitude mais inclusiva. É a lógica do universo, em que tudo interage com tudo em todas as partes e em todas as circunstâncias. Os seres possuem sua relativa autonomia, mas sempre em um contexto de implicação e interconexão. Sujeito é parte do objeto e objeto é dimensão do sujeito.

O objetivo deste artigo é examinar uma nova ética dentro da psicoterapia vivencial, considerando a atual situação caótica na qual o ser humano está inserido. Recorremos ao conceito de humanismo para expressar nosso ponto de vista. Sabemos que qualquer grupo de doutrinas que se refere à origem, à natureza ou ao destino do homem é considerado humanismo do ponto de vista filosófico. Sabemos também que, em sentido mais restrito, seria assim denominado qualquer grupo de doutrinas que dignifica o homem. O humanismo é inerente ao existencialismo, como fica ilustrado no título de uma das obras mais famosas de Sartre, *O Existencialismo é um Humanismo*. Contudo, dois significados da palavra humanismo precisam ser diferenciados: um deles toma o indivíduo como um fim em si mesmo, um valor superior, como expresso na máxima de Protágoras "o homem como medida de todas as coisas". O outro defende a idéia de que o indivíduo não é o centro, uma vez que precisa transcender-se, projetar-se para fora de si mesmo, aliada ao fato de que ele não está fechado nele próprio, é chamado por Sartre de humanismo-existencial. Cabe à pessoa ser seu próprio legislador e o construtor do seu mundo. O homem se transcende pela liberdade e nela se realiza como ser humano. É sobre essa transcendência que precisamos falar e, a partir dela, estaremos repensando a ética na psicoterapia (Erthal, 1989).

Será examinada a construção de valores e da moral em Sartre (representando a segunda forma de se pensar a ética, tal como mencionado anteriormente), com foco na subjetividade humana – o homem como o agente criador dos valores, seguido da formulação buberiana (primeira forma de pensamento ético) focalizada na intersubjetividade – a importância da relação entre o Eu e o Tu. Tais análises conduzem ao questionamento da ética nas psicoterapias e do seu papel como agente transformador, iniciado por um processo de autoconhecimento e culminando em uma transcendência da consciência individual para uma mais inclusiva. O processo destruição/construção, como a eterna dialética do crescimento, é discutido para que, com o seu conhecimento, seja administrado de forma mais adequada.

A proposta relacional, de inclusividade cada vez maior, é aquela que assegura que o pequeno eu, tão preocupado com seu ponto de referência arduamente defendido e, portanto, conduzindo ao sofrimento, dá lugar a uma consciência que vê esse eu como parte de um todo e que sua importância reside aí, como uma parte imprescindível desse todo, e não no circuito fechado em que permanece o centro. A pessoa aparece no momento que entra em relação com os outros, também como pessoas. Dessa forma, a relação convida a participar de uma atualidade, isto é, de um ser que não está unicamente nele nem unicamente fora dele. Trata-se de um agir do qual participamos sem dele nos apropriar. Tornamo-nos mais atuais quanto mais completa for a nossa participação.

"Fazer é criar, inventar é encontrar. Dar forma é descobrir. Ao realizar eu descubro." (Buber, 1979, p. 12)

1 - Valor, Moral e Liberdade

Definir o que é ético não é uma tarefa fácil, como demonstra o volume de atenção dedicado a esta disciplina filosófica na história do pensamento humano. Entretanto, nos importa o foco na ética sartreana, uma vez que a psicoterapia vivencial é o exercício da prática existencial apoiada nos ensinamentos de Sartre. Os mais importantes conceitos, retirados de sua obra, serão apresentados e avaliados, para que se possa permitir uma discussão sobre o ideal de psicoterapia.

A influência da metafísica no pensamento de Sartre aparece na crença de que a única verdade absoluta reside na subjetividade e na dicotomia sujeito-objeto presente em sua obra. Na filosofia sartreana duas espécies de relação aparecem: a relação do sujeito consigo mesmo, e nesse caso toda a moral só pode descobrir seu fundamento na subjetividade do sujeito; e a relação sujeito-objeto, em que não há relação intersubjetiva, já que o conflito que preside o relacionamento com o outro termina por frustrar qualquer tentativa de superar a categoria do objeto. Ambas as relações são o palco no qual se desenvolve o comportamento moral do homem no qual se apresentam os conceitos basilares da ética sartreana: liberdade, valor, compromisso, responsabilidade e ação humana.

Toda a análise existencial de Sartre conduz, necessariamente, a uma ética. Em sua obra intitulada *Ser e Nada* (1943) Sartre acreditava que a filosofia da ação estava ainda pouco desenvolvida. O homem é definido como a soma de suas ações, não um indivíduo como para-si[1] (consciência) transitório, mas como um passado e, portanto, elemento congelado do em-si[2] (objeto). O para-si pode adotar um novo projeto, mas a constante necessidade de escolhas criará uma nova série de ações. O peso moral dos velhos atos ainda permanecerá, embora o peso ontológico mude. O ato aparece na tentativa de preencher determinada falta. Contudo nenhum estado de *affair* pode determinar a ação, além do fato de que a ação não é suficiente para determinar a visão dessa falta que deve levar ao ato. Tal estado não pode ser reconhecido sem invocar o poder de negação-determinação, característica definidora do para-si, denominada liberdade no contexto da ação. Conclui o livro com perguntas que só podem ser respondidas no terreno moral. Seu projeto mais original foi concentrado na exigência de transformação do homem. De acordo com seu pensamento, a consciência (para-si) é liberdade comprometida com a autonomia da escolha. Por ela determina-se o conceito-chave da própria ética: valor. Se a liberdade é absoluta, o valor não poderia apresentar consistência objetiva. O homem (individualidade subjetiva) é o ser pelo qual os valores existem.

> A liberdade é o único fundamento dos valores e que nada, absolutamente nada, me justifica ao adotar tal ou qual valor, tal ou qual escala de valores. Enquanto ser pelo qual os valores existem, eu sou injustificável. E minha liberdade se angustia de ser o fundamento sem fundamento de valores. (Sartre, 1943, p. 76)

Não há uma ordem preestabelecida de valores. Nessa expressão sartreana fica evidente que escolher é inventar. Estratégias que se apóiam em crenças deterministas, justificando o fato de que a maldade humana é uma resultante das circunstâncias que rodeiam os homens, são fortemen-

---

[1] Para-si: a consciência é para-si, por isso aparece a si mesma. A consciência é para-si e se opõe a outro que não ela, o em-si.

[2] Em-si: é absolutamente idêntico a si mesmo, identidade perfeita. Esgota-se em ser o que ele é. Diz respeito ao reino das coisas.

te rejeitadas por ele. A subjetividade é assumida até o seu limite máximo, excluindo toda a possibilidade de ser reduzida à categoria de objeto. Se deixamo-nos determinar pelo objeto, partimos então do mundo com suas determinações causais e atribuímos mais realidade ao mundo que a nós mesmos. Marx afirmou a prioridade do objeto sobre o sujeito e o homem assume esse "espírito de seriedade" quando se toma por um objeto. Isso define a má-fé[3] que bloqueia toda a espontaneidade.

Em resposta aos questionamentos sobre se o projeto recebe impulso da vontade ou das paixões, Sartre apresenta a sua diferenciação; recusa-se a admitir semelhança entre tais conceitos. Apesar de diferirem em modo, servem ao mesmo propósito. O primeiro é uma espécie de paixão exercida de forma branda e controlada, enquanto o segundo, paixão com vontade, sem controle. Contudo, nenhum dos dois conceitos contribui para o impulso original em direção aos fins projetados. Distingue outros dois conceitos igualmente importantes, liberdade e espontaneidade, afirmando que a liberdade é um estado e a espontaneidade, um processo. Liberdade, entre outras coisas, é liberdade para assumir as contingências e para negar ou admitir espontaneidade em si mesma. Sem espontaneidade não há movimento; sem liberdade o movimento é aleatório. Ambos são necessários para que uma escolha seja feita possível e é na possibilidade de escolha que depende a possibilidade de moralidade. Escolha do para-si não resulta de qualquer determinação; está associada ao ato de liberdade fundamental. Essa é a razão que faz Sartre recusar toda a moral tradicional, que parece só reconhecer a liberdade para o mal e não para o bem; só admitir que se é livre para o erro e não para a construção de uma verdade própria. Bem e mal, assim como verdade e erro, devem ser uma invenção do próprio homem. Neste sentido, liberdade é sinônimo de libertário, ou seja, de fazer o que bem quiser, de liberdade irrestrita, de tudo, enfim, o que não se confunde com a própria subjetividade. Aquele que se refugia nos determinismos é uma pessoa de má-fé. Mas a libertação prodigalizada por uma ânsia pelo que é libertário também é fuga de si mesmo e, desse modo, supõe manter distância de si mesmo como angústia de não poder ser, ou, mais precisamente, de não se per-

---

[3] Má-fé: é a mentira que uma pessoa prega para si mesma para não assumir a responsabilidade de suas escolhas. Nela o indivíduo se coisifica porque estabelece a distância entre o eu e o que quer representar. Reside no dualismo entre ser-para-si e ser-para-outro, impedindo o homem de encontrar um porto seguro do em-si. Na segunda fase de Sartre o conceito de má-fé é abandonado, dando lugar ao conceito de serialidade, que significa repetição, inércia ou perda de consciência do conflito.

mitir ser. O homem é um estranho para si mesmo, sempre à procura de completude. Sartre, então, assume a idéia da ausência de determinação preestabelecida e do valor como fundamento transcendental, vale dizer, como uma criação do sujeito em que os homens são responsáveis por todos os seus atos, assim como por suas conseqüências. Não persistindo na má-fé, haverá tal responsabilidade desde que os atos façam o homem ser o que de fato é (autenticidade).

Baseado nessa concepção de liberdade e valor, Sartre pretende erigir a sua moral da responsabilidade e do compromisso. Responsabilidade seria a consciência de ser o ator incontestável de um acontecimento. Condenado a ser livre, torna-se ele responsável pelo mundo e por si mesmo enquanto modo de ser.

"Cada para-si é responsável em seu ser pela existência de uma espécie humana." (Sartre, 1943, p. 64)

Reconhece que nossa responsabilidade é muito maior do que podemos supor porque engaja a humanidade inteira.

> O homem sendo condenado a ser livre carrega o peso de todo o mundo em seus ombros; é responsável pelo mundo e por si mesmo em seu modo de ser. Nós estamos tomando a palavra "responsabilidade" em seu sentido ordinário como consciência de ser o autor incontestável de um evento ou de um objeto. Nesse sentido a responsabilidade do para-si é preponderante desde que ele seja aquele por quem acontece o que existe no mundo; desde que ele seja quem se faz ser, então, qualquer que seja a situação em que se encontra, o para-si deve assumir completamente essa situação com seu peculiar coeficiente de adversidade, ainda que seja insuportável. Deve assumir a situação com a consciência orgulhosa de ser o seu autor, porque as piores desvantagens ou as piores ameaças que podem comprometer minha pessoa somente têm significado em e através do meu projeto; e é no campo do engajamento que eu sou, que eles aparecem. (Sartre, 1943, p. 553-4)

A liberdade não é uma inclinação do para-si, mas, na verdade, um estado que surge da negação que junta e separa o para-si do em-si que o circunda. Liberdade é a condição de ser indeterminada e indeterminável.

"Não é porque eu sou livre que meu ato não está sujeito à determinação de motivos; ao contrário, a estrutura de motivos como ineficiente é a condição de minha liberdade." (Sartre, 1946, p. 34)

A grande fonte de angústia é a incerteza de realização do projeto criado. Cabe nesse ponto ressaltar a má-fé, já que se deve permitir ao futuro "self" ser mais do que a presente personalidade acredita ser. Não se pode pensar no futuro com os dados que se tem do presente.

O reconhecimento da liberdade sobre o todo pode ser justificado por uma perspectiva idealista afirmando que eu sou o autor dessa humanidade. Mas o que ele quer dizer é que eu sou responsável por mim e por todos, na medida em que crio uma imagem do homem que eu escolho, isto é, quando escolho a mim, escolho o ser humano. Contudo, trata-se de uma criação de imagens que nos remete ao fato de que dizer que o homem é responsável por todos seria o mesmo que dizer que é só responsável por si próprio. Isso assegura uma postura individualista que também parece estar presente quando examina o compromisso. Se a objetividade do valor é determinada pelo para-si, o homem somente se compromete consigo mesmo. Na concepção sartreana do homem não é permitido ao para-si aderir a nada, precisamente porque ele é, sem enraizamento.

A liberdade não oferece garantias de se conseguir o que se quer, mas é o fator determinante dos próprios desejos do homem. Não se escolhe o mundo, mas se escolhe no mundo. Surge aí uma ambigüidade: se por um lado eu sou projetado no mundo, por outro, faço o meu próprio projeto nele; sou negação de determinações preestabelecidas e, portanto, liberdade transcendente ao mundo, da mesma forma que sou liberdade como um modo de negação e, portanto, minha afirmação contra ele. Tais incoerências indicam uma tentativa de concretizar o que parece ser paradoxal, a responsabilidade moral percebida em um mundo determinado.

Parecem existir três tipos de atitudes metafísicas consideradas atitudes morais, pertinentes nesse ponto de análise: objetiva ou conservadora, subjetiva ou existencial e coletiva ou radical. Pessoas que se enquadram no primeiro tipo geralmente vêem a existência do mundo objetivo como bastante óbvia, assim como fascinante. São pessoas pouco críticas quanto aos eventos sociais e aceitam as situações já como dadas. Questões relacionadas ao eu parecem não existir, e a responsabilidade moral é aceita como matéria prática. Aquelas que consideram o mundo objetivo como importante apenas quando relacionado à preocupação primária com seus sentimentos, constituem o segundo tipo. Também se apresentam pouco críticas quanto aos arranjos sociais, mas se angustiam com a responsabilidade moral, quando se relaciona a eles pessoalmente. A moralidade tradicional é suspensa por causa da ameaça à autenticidade e liberdade individuais e não pelas conseqüências sociais indesejáveis. A terceira atitude considera cada uma das anteriores como dependentes de instituições, sensibilidades e formas de expressão. Envolve uma espécie de desafio para a fundação da moralidade nos outros dois sentidos.

Na compreensão do problema da moralidade, Sartre se move entre o segundo e o terceiro tipo: trata-se da reconciliação entre o existencialismo e o marxismo, ou seja, a determinação do indivíduo por si mesmo de um lado, e pela história e coletividade por outro. O mais importante fato de sua doutrina moral nesse período é a insistência de Sartre sobre o indivíduo como determinante de sua própria moralidade. Isso está presente no texto em que diz que, quando o homem escolhe seu próprio "self", escolhe todos os demais. Quando escolhe isso ou aquilo afirma um valor. Sartre diz que ninguém escolhe o mal; escolhe o que é melhor para si, avaliando que é o melhor para todos. Esse "argumento de generalização", como é conhecido, é uma proposição moral encontrada em Kant, é o imperativo categórico, cuja formulação mais familiar prescreve que o sujeito converta as suas máximas, ou preceitos, pessoais em uma legislação (no sentido do dever-ser) universal. Em Kant esse agente categórico é autônomo e responsável. É pura vontade racional, não estando sujeito a caprichos, sabendo como julgar através da própria legislação. Em Sartre não existe característica definidora do humano, nem mesmo a racionalidade, à parte da habilidade de apreender-se como livre de todas as caracterizações *a priori*, de negar todas as formas de determinações. Diz-nos que existem certos juízos de valor que nós não aceitamos como preferências pessoais, que nós interpretamos como juízos adversos daqueles que concordamos.

Sartre parece inconsistente em seu desejo de trazer a ação sob uma descrição generalizável, já que ela está sempre engajada com contingências particulares, e até inacessíveis, em razão da liberdade radical do agente. Ao construir uma lei para mim mesma, estou realizando um ato de má-fé, já que sou livre para infringi-la amanhã. Pensando dessa forma, fica claro que não dá para formular uma lei para os outros.

É presente em Sartre o desejo de ver os homens assumirem a responsabilidade por eles próprios na autenticidade e na boa-fé, mas a autenticidade é a única esperança de moralidade em um mundo tão individualista, por um lado, e massificado, por outro, como o nosso. Envolveria a rejeição de um sistema de moral imposto, a menos que sua aceitação seja uma escolha não submissa. É preciso deixar claro que na fase da ontologia de Sartre a liberdade é considerada um fato, não um valor. Isso se altera quando contextualiza seu pensamento e descobre uma nova forma de universalidade mais distributiva do que subjetiva.

A transição do individual para o histórico em Sartre aparece nos estudos de casos a que se dedica: Genêt, Baudelaire, Flaubert. O ser é visto em situação – biológico, social, político... Afirma com isso o fato de que ninguém pode dizer qual o projeto que uma pessoa deve eleger. A pergunta que surge é se as regras morais podem desempenhar algum papel na determinação dos atos. Para o primeiro Sartre, elas auxiliam a má-fé, possibilitando um escape. O segundo Sartre reconhece que certas regras, que têm um âmbito social, devem ser incorporadas ao projeto. Liberdade é sempre liberdade para projetar o bom, mesmo se somos habitualmente maus. Um exemplo disso é que, se perguntarmos às pessoas o que elas acham da mentira, elas vão dizer que não é bom mentir para ninguém, mas não hesitarão em fazê-lo, caso seja necessário, segundo a situação em que se encontrarem.

A ética do último Sartre acaba por priorizar a política. O comportamento individual não é mais construído como um produto de um sujeito solitário e angustiado, mas como reexteriorização das relações sociais interiorizadas pelo indivíduo por meio da educação, experiências sociais e políticas. Ainda existe liberdade, mas esta passa por uma redefinição: apesar de existir um condicionamento social, o indivíduo não se rende totalmente a ele, já que apresenta uma avaliação diante desses condicionamentos. É uma liberdade em ato, não mais em fuga.

A ética da libertação e "salvação" que Sartre queria escrever acabou suspensa, talvez pelos impasses que sua posição oferecia. Para que o homem possa salvar-se, uma nova transcendência precisa ser efetuada baseada no real compromisso com o todo, abolindo a postura individualista, ora presente. Hoje o que se vê é uma moral negativa, isto é, uma denúncia das imposturas da época, como a má-fé que denuncia os comportamentos hipócritas. A viabilidade do compromisso acaba sendo tolhida pelo rigoroso subjetivismo sartreano. Seu pensamento se compromete apenas com a subjetividade radical do valor.

A crise da metafísica se instaura no coração da ética. Se a proposta é a transformação do homem, caminhos concretos para a sua possibilidade precisam ser traçados. Mas afinal o que a pessoa "tem a ver" com o mundo? Como se processa o seu encontro com o mundo? Sem mundo não há pessoa, da mesma forma que sem pessoa não há mundo. A consciência não tem nenhum conteúdo de ser, já que é fuga incessante em direção ao mundo. Da mesma forma que constitui todos os objetos e valores do mundo, não é nem esses objetos nem esses valores. O mundo interior da consciência resulta da ilusão de que a consciência possui um conteúdo. Contudo, o eu habita para fora dela como objeto do mundo. Tudo o que somos, o ser da nossa consciência, encontra-se no que pensamos (não pensamos só em coisas, mas em pessoas, sentimentos...) e no que temos consciência. A própria verdade, para existir, necessita de uma consciência que a afirme como tal. Ela surge e desaparece com o homem e circula entre os homens. Seria absurdo dizer que o mundo, à medida que se torna conhecido, é conhecido como meu. Posso dizer que ele é "meu" porque está infestado de possíveis, e a consciência de cada um desses possíveis é um possível que sou eu.

Somos as coisas que percebemos e imaginamos. Estamos no lugar por onde nossa consciência se dirige. O eu nos dá a ilusão de interioridade sim, mas habita fora. Ele é o objeto que temos diante de nós. De igual forma, o valor criado por nós reside no futuro, sendo um limite em relação ao qual apreciamos os nossos atos. Querendo ser justa, por exemplo, nunca o sou suficientemente porque o valor-limite "justiça" está mais adiante do ponto que posso chegar. O ponto de referência é o valor absoluto e conseguimos sempre menos em nossos atos. Ele está além de nossa capacidade. É parte da estrutura da consciência, daí não se poder falar em valores universais. Os valores morais têm um único fundamento possível que é a nossa decisão de criá-los. A vida é permanente escolha e em cada uma delas está presente a escolha do que eu sou. Não há qualquer imperativo categórico universal válido, nenhuma lei ética que nos indique como deveríamos agir ou o que fazer em dada situação. Sou eu que dou sentido às coisas. O valor só aparece a partir do ato mesmo da minha escolha. Sendo pressionada a ter determinado comportamento, por exemplo, não posso consultar um valor prévio para fazer a minha escolha. Os valores não estão no mundo à espera de sua utilização. Resistindo à pressão, me negando ao jogo da subjugação, estabeleço um valor no momento da escolha – neste caso, o valor da liberdade. O valor é escolhido por nós por uma questão de coerência. A culpa não aparece aí; ocorre o arrependimento, caso haja uma mudança do nosso projeto e do valor anteriormente constituído. A responsabilidade fica maior quando nos damos conta de que escolhemos para toda a humanidade. Escolhendo um candidato de determinado partido, tenho idéia de que seus princípios são para mim o que mais convém para o resto da humanidade. Nossa responsabilidade pessoal envolve o todo. É uma angústia moral. E é fugindo dessa angústia que me faz acreditar que não sou livre. Aceito os valores provenientes do mundo externo, inventado pelos outros, camuflando a minha liberdade para viver como coisa já constituída. Vendo-me como objeto, vivo essa realidade e me petrifico nela. E aí começa a existir a necessidade de zelo e cuidado com esse eu que, na verdade, é um escape. É preciso perceber a si mesmo em plenitude, e não, simplesmente, "tomar conhecimento de", já que o processo de engajar-se em uma compreensão de si enquanto totalidade é, sobretudo, vivencial, e, nesse sentido, permanece consciência. Porém, nem sempre a consciência é cognoscente, ou seja, nem sempre alcançamos a decifração intelectual que, equivocadamente, e não raras vezes, é considerada como a totalidade da consciência.

A contemplação da relação do sujeito com o mundo nos fez notar que a relação entre eu e o mundo é mediada pela consciência. Uma consciência vazia, puro deslize e desejo de preenchimento, permanente captura e escape dos sentidos. A observação da relação do eu com o mundo nos levou a alguns passos adiante, a formular mais uma indagação: e a relação com o outro? Para Sartre, entre o eu e o outro existe uma "ligação fundamental", nela se manifestando uma modalidade de presença do outro irredutível ao conhecimento que tenho do objeto.

"O outro é, por princípio, aquele que me olha." (Sartre, 1943, p. 315)

Por essa razão, ele não poderia me olhar como quem olha uma coisa. Por trás dos olhos do outro há uma consciência que olha. Sou através do olhar do outro, mas sou visto como objeto desse olhar que o outro olha e julga. Daí as relações serem conflitivas. Se o homem é condenado a ser livre, por outro lado as liberdades não se comunicam. Assim a relação originária sujeito-sujeito permanece como uma relação sujeito-objeto. A relação do para-si com para-si é vista a partir do para-si com em-si. Tal pensamento recai na metafísica tradicional. Ou bem eu assimilo o outro (pelo "amor", pelo utilitarismo, por insegurança, por falta de sentido próprio), ou bem eu sou objetivado por ele (indiferença, ódio, manipulação, desejo de posse).

O ideal do amor consistiria no empenho em estabelecer uma unidade com o outro, uma espécie de fusão de consciências, cada uma delas conservando a sua própria alteridade. Mas para Sartre o amor não supera a contingência, o fato de que as consciências estão separadas por um nada invencível. Os amantes continuam mantendo-se apegados a uma subjetividade solipsista, o que alimenta um ciclo vicioso: na relação sujeito-objeto tal intersubjetividade reverte à relação objeto-sujeito.

Afirma que cada homem reconhece o caráter humano do outro e tem sua própria humanidade reconhecida pelo outro. Há uma relação humana possível entre os indivíduos. Entretanto isso não significa de pronto ver o outro como igual, já que o coisifico. Talvez essa seja a razão pela qual o sofrimento do outro parece não nos tocar. Consigo ver o outro em sua própria humanidade, mas não consigo transcender o próprio eu para compartilhar com essa mesma humanidade da qual sou apenas uma parte. Parece que essa preocupação com esse eu ilusório e objetal toma um enorme vulto, abafando as tentativas de se colocar como igual. Meu sofrimento é maior, minha necessidade de atenção é absoluta, minha carência é insuportável... Esse eu é alimentado como se uma criança fosse e espera do mundo um reconhecimento de sua necessidade. O que precisamos é de uma nova forma de agir no mundo, transcendendo ao que é individual para desenvolver uma consciência mais inclusiva. A proposta de uma nova ética que deve permear todas as psicoterapias é essa de inclusividade, uma consciência que transcende a individualidade rumo à grupalidade. Recorremos a Martin Buber para expressar o nosso ponto de vista.

Em Buber (1979), reflexão e ação (logos e práxis) foram intimamente relacionadas. No plano da moral, por exemplo, é patente certa afinidade entre Buber e Kant. Isso fica evidente quando diz que não devemos tratar o nosso semelhante como meio, mas também como fim. Fala-nos de dois tipos de relação ou modos de se expressar no mundo: Eu-Tu e Eu-Isso. O Eu-Tu não é uma descrição fenomenológica das atitudes do homem no mundo, mas sobretudo uma ontologia da relação. O fato primitivo em Buber é a relação. O Eu-Tu é uma reflexão sobre a existência humana. É a sua ética do inter-humano. O homem é o ente de relação e esta é o fundamento de sua existência.

Podemos observar o encontro do pensamento de Buber com a tradição fenomenológica na medida em que mantém o princípio de que o homem é um ser situado no mundo com outros homens. A relação Eu-Tu expressa um ato essencial do homem, uma atitude de encontro entre dois parceiros na reciprocidade. Fala-nos também da relação Eu-Isso, que representa a experiência e sua utilização. Trata-se de uma atitude objetivante. As atitudes que um homem pode apresentar nesse mundo múltiplo também são múltiplas. Cada atitude envolve um dos dois processos: Eu-Tu ou Eu-Isso. O conceito de intencionalidade está presente quando se refere ao fato de que o homem é um ser de relação; a intencionalidade não significa algo que esteja entre a consciência e o mundo ou o objeto, e sua relação do sujeito com o mundo. A relação é um evento que acontece entre o ser humano integral e o ente que se lhe defronta.

Segundo ele, existem dois mundos e, portanto, duas relações: chama-se relação ao elo Eu-Tu, e apropriação ao elo Eu-Isso. O tu é sempre primordial ao isso, indicando que no princípio tudo é relação. A atitude ontológica precede necessariamente à atitude cognoscitiva, ou seja, a abordagem reflexiva de objetos somente pode ocorrer na medida em que passa pelo encontro entre duas pessoas. A relação é dialógica, muitas vezes chamada de encontro. Mas encontro e relação não são a mesma coisa. A relação engloba o encontro, possibilita um encontro dialógico novo. Para ele o que explica o fenômeno do inter-humano é o dialógico. Inter-humano já implica a presença de encontro mútuo e a reciprocidade é a sua marca. A co-participação do diálogo é o fundamento ontológico do existir, mas para que seja dialógico, precisa do elemento da totalidade. Não se trata da simples soma de elementos, como pode parecer, mas essa totalidade se vincula à própria totalidade dos participantes. É um ato totalizador: cada pessoa está realmente em um encontro quando ela é a totalidade que age, isto é, quando ela se dispõe por inteiro na própria relação. Independência relativa, posto que é pura abstração considerar os elementos separadamente. Dizemos que o Eu-Tu precede o Eu-Isso; a totalidade precede a separação. No relacionamento Eu-Isso, o eu é o sujeito da experiência e a utiliza para determinado fim. Analisa um dado com sua inteligência com a finalidade de conhecer o mundo e impor-se diante dele. O mundo é o objeto da sua experiência. A totalidade do homem só pode ser revelada no encontro dialógico.

> A palavra Eu-Tu é o esteio para a vida dialógica, e Eu-Isso instaura o mundo do isso, o lugar e o suporte da experiência, do conhecimento, da utilização... Na primeira, o eu é uma pessoa e o outro é o tu; na segunda, o eu é um sujeito de experiência, de conhecimento e o ser que se defronta, um objeto. A esse segundo tipo de eu, Buber chama de ser egótico, isto é, aquele que se relaciona consigo mesmo ou o homem que entra em relação com seu si mesmo. Eu-Tu e Eu-Isso traduzem diferentes modos de apreensão da realidade, ao mesmo tempo que instauram uma diferença ontológica no outro pólo da relação, seja como Tu seja como Isso. A contemplação é a doação do ser como Tu ao Eu, pessoa, que o aceita. A inteligência, o conhecimento, a experiência é a apreensão do ser como objeto. Na contemplação, a atitude não é cognoscitiva mas ontológica. No conhecimento ou na experiência a atitude não é presença do ser que se revela na contemplação, é um tornar-se presente ao ser e com o ser. (Buber, 1979, p. L1, L2)

Assim, é por meio do encontro dialógico que acontece a recíproca presentificação do Eu e do Tu. A alteridade, instaurada aí, é inexistente na relação Eu-Isso, pois o outro não é visto como outro. Por esse motivo, Buber propõe ao mundo a realização de uma vida dialógica na qual seria possível uma verdadeira interação entre as partes. O "entre" ou o vínculo que estabelece a relação pode ser, segundo ele, o amor. Amor, nesse caso, não como sentimento, algo possuído pelo eu, como se a relação fosse a soma das sensações internas do eu psicológico. Os sentimentos são posses do homem, mas o amor é mais do que isso; é algo que acontece entre dois seres, na esfera entre eles, e não do eu ou do tu. Na verdade, é além de um e aquém do outro. O foco não está em uma das partes, mas na relação estabelecida entre elas. Vemos aí que a nostalgia do humano, gerada pelas grandes crises por que passa o mundo, alia-se à esperança do poder da relação, quer entre os homens quer do homem com Deus. A força do diálogo é capaz de tornar uma pessoa livre e responsável por seu próprio destino. Buber chega a expressar um desejo no campo da ética propondo a idéia de comunidade, estabelecendo assim a sua verdadeira metafísica da amizade, proporcionada pelo encontro dialógico.

Se o âmago do existencialismo ou da filosofia da existência se revela de um lado como protesto e denúncia contra sistemas, abstrações e conceitos e de outro como afirmação e a exigência de compromisso com a concretude e com o desafio da existência concreta de cada um, talvez todos esses filósofos tenham falhado no seu intento, não dialogando com o desafio da existência – em ásperos monólogos se enclausuraram na aridez de seus sistemas, teses e abstrações. Poderíamos concluir, como afirma o professor W. Kaufmann, que na realidade só existiu um existencialista que não foi exatamente existencialista e, sim, Martin Buber. (Buber, 1979, p. L19)

O foco na relação, mais do que com suas partes separadas, apresenta para nós uma abertura na visão de um escopo de relacionamento mais inclusivo, no qual a preocupação com um eu se expande para uma preocupação relacional, globalizante. A totalidade das partes, referida por ele, indica claramente a necessidade do autoconhecimento e da necessidade de transcendê-lo. A entrega e o compromisso são condições visíveis e necessárias para isso. A palavra amor, proposta como elo entre as partes, expressa a incondicionalidade tão ausente nas formas de relação que observamos diariamente. O ego-ismo, assumidamente presente nas formas de se expressar no mundo, parece ser o grande responsável "técnico" pelo vazio angustiante que muitas pessoas passam e que as faz se enfileirarem nos consultórios psicoterápicos. Talvez a ética da libertação ou salvação esboçada por Sartre esteja relacionada com isso. Ao mesmo tempo que o homem assume a postura de criador dos seus valores e crenças, criando o mundo a sua volta com a iluminação intencional de sua consciência, deve aprender que tudo é relacional e que, portanto, o seu eu criador, já totalizado, se entrega à tarefa de doação, de unidade.

2 - A Ética na Psicoterapia

É impressionante que com toda a exaltação da liberdade e criação de valores de um homem digno, e apesar das mudanças radicais a que a humanidade tem sido exposta, constatamos que os problemas existenciais têm sido os mesmos. Ainda se vive com angústias, incertezas, coisa que o avanço tecnológico não foi capaz de suprir. Vemos clientes se descobrirem, crescerem em muitas coisas, mas o sofrer não cessa. A pergunta constante é o que leva as pessoas a viverem o sofrimento. Esse quadro trágico retrata a vida dos homens envolvida por dificuldades, crises e conflitos, não bastando o autoconhecimento ou o apoio na razão discursiva. O que é essencial para esse saber prático da psicoterapia? De modo geral, as psicoterapias lidam tanto com o sofrimento, quanto com o sofrer. Contudo, reflexão e ação devem ser unidas a uma preocupação com a ética, tão contaminada pelas influências do racionalismo.

A psicoterapia vivencial fundamenta sua ação na compreensão do cliente enquanto ser-no-mundo para ajudá-lo a reconhecer e experimentar sua própria existência. A missão é levar as pessoas a descobrirem a realidade vital de suas experiências e abrirem os olhos para a situação concreta que estão vivendo. Parte da tarefa do terapeuta consiste na clarificação dos próprios sentimentos do cliente, facilitada pela impressão de ser incondicionalmente aceito. Em tal clima, as angústias que obscureciam sua visão se afastam, não havendo mais impedimento de discernir e, em seguida, organizar as inter-relações existentes entre suas preocupações. Não há imposição de norma; contudo, uma atividade que consiste em ajudar um indivíduo a encontrar sua verdade já é uma ação orientada para a reflexão moral. O terapeuta tem o desejo de fazer o cliente descobrir suas possibilidades, de fazê-lo assumir sua personalidade total. O terapeuta reduz as escolhas ocasionais a uma escolha existencial, a qual o cliente deve reconhecer, contando com a ajuda do terapeuta.

A atual direção moral das psicoterapias traz a marca de uma evolução geral das concepções educativas. A finalidade dessa direção é revelar ao outro a possibilidade de se destinar, isto é, de se tornar pessoa. A interação mesma da díade já apresenta o benefício de provocar a tomada de consciência de si e do outro ao mesmo tempo, favorecendo a inserção nas diversas relações estabelecidas. A intervenção apela para um eu capaz de participação.

De modo geral, as psicoterapias têm como finalidade o autoconhecimento, isto é, o desenvolvimento de uma consciência mais acurada do eu que procura ajuda. Existencialmente falando, há um exame de tudo o que impede o indivíduo de ser uma pessoa, de livremente realizar o seu projeto de vida. A ampliação das escolhas e o desenvolvimento de respostas mais coerentes com sua auto-imagem são uma conseqüência. Na relação terapêutica o sujeito vai desvelando-se e os valores pelos quais se expressa também despontam. Evidentemente, não há uma conscientização inicial por parte do indivíduo de quais são esses valores eleitos por ele. Eles permeiam seu comportamento sem que seja assumida a sua autoria. Na verdade, os valores morais são aprendidos de fora, embora ainda se eleja uma interpretação e uma afinidade em relação a eles. Os valores simbólicos das coisas são absorvidos por suas idiossincrasias: a carne é desejável porque é necessária para viver e constitui um alimento que nutre; uma viúva chora e enlutece da sua perda porque esta atitude é desejável e desenvolvida por outros; escolhe-se fazer uma faculdade porque ter um curso superior é importante do ponto de vista social, embora essa pessoa tenha um enorme desejo, nem portanto menor, de ser mãe e dona-de-casa. Esses são alguns exemplos que nos mostram como os valores são absorvidos osmoticamente, irreflexivamente, transformando aquele que adota essa postura em puro objeto (em-si ou isso).

Nessa visão, os valores são dados transcendentes, independentes da subjetividade humana e é transferida a qualidade do desejável de estrutura ontológica das coisas para a sua simples constituição material. Uma escolha não é melhor do que outra por seu real objetivo, mas pelo grau de consciência que possui de seu objetivo ideal. Por essa razão, a terapia tem de revelar ao agente moral que ele é o ser pelo qual o valor existe. Assim a liberdade se tornará cônscia de si e se revelará, em angústia, como única fonte de valores. O conhecimento de que se é o criador de si e de tudo o que lhe diz respeito inicia um processo de transformação.

A bem conhecida frase de Marx de que os filósofos apenas interpretam o mundo e de que é necessário agora transformá-lo pode ser aplicada. Torna-se válida na doutrina existencial desde que substitua a palavra mundo (Marx) pelo homem. Detendo-se na determinação da escolha original de cada indivíduo, escolha esta que é o centro de referência de uma infinidade de significações polivalentes e que constitui o projeto original do homem, o terapeuta traz à tona o que faz tal indivíduo se tornar uma pessoa, com todos os seus entraves.

Qual é a fonte dos problemas existenciais pelos quais as pessoas estão passando? Tudo parece começar com a construção de um eu. Um eu que é independente, isolado, que precisa ser cuidado, tratado, mimado. Toda a psicoterapia acaba por reforçar essa idéia quando trata apenas desse aspecto, o autoconhecimento. Precisamos agora transcender ao que normalmente se faz na psicoterapia. O primeiro movimento é conhecer esse eu, é claro. Não se pode transcender aquilo que não se conhece. Inicialmente é preciso saber-se existente concretamente para lidar com as verdades das coisas que são o próprio vazio. O eu convencional e o mundo fenomênico são o ponto de partida para a busca da clara percepção. Todavia, a ilusão conceitual de que o eu e os fenômenos possuem uma realidade por si mesmo deve ser questionada. O eu individual deve ser transcendido. Não se trata de negar a sua existência, mas de ultrapassar a polaridade existência/não-existência. É levar o indivíduo a um ato discriminatório entre o que é essencial daquilo que não o é. Fechados em nós próprios, vivemos esse eu como um eterno criador de desejos. Como bem afirma Sartre, o homem não tem desejos; ele é o próprio desejo e o que ele quer é desejar. O desejo cria temporariamente a satisfação e depois a insatisfação. E é nessa insatisfação que o homem procura por mais consistência. Quanto mais atenção for dada a esse eu, maior será a confusão, pois nesse ponto de vista individualista haverá distorção da verdade para manter a coerência interna. É realmente um exercício de má-fé. É a nossa percepção do eu que determina o papel desse eu em nossas vidas. O eu tem um papel de dimensão fenomenal nos condicionando a focar nele e encorajar seu então ponto de vista. É esse egoísmo a real raiz dos problemas do homem. Cabe a ele explorar profundamente o abismo de suas crenças. Deve transcender a aceitação dessa realidade e para isso precisa dar-se conta de que ele está inserido no mundo, que é um ser-em-relação e que, estabelecendo uma capa ao seu redor, exclui toda a possibilidade de mudança, da visão do real.

Agora as psicoterapias fenomenológico-existenciais primam por um esforço ainda maior: o de superar a si mesmas na plenitude de seus valores. O ego-ismo deve ser substituído por uma autocompreensão incondicional, deixando para trás qualquer tipo de orgulho e bases competitivas na vida. Dessa alquimia transformadora renasce um novo ser, uma nova visão de mundo: eu-sou-o-mundo.

Sabemos que a realidade acontece quando a vemos e depende do que vemos; que se mudarmos a maneira de ver essa realidade, a mudamos. Sabemos também que o homem não é uma ilha, mas parte de um continente. Faz-se, então, necessário pensar na realidade e na eficácia de nossas escolhas. Para exercer o controle da liberdade, pesamos as probabilidades. A probabilidade de algo acontecer está associada à quantidade de investimento dirigido ao objetivo e está associada à importância de nossas escolhas. O maior valor de descobrir os significados atribuídos às nossas escolhas é o de que essa descoberta nos leva de volta àquele momento de liberdade no qual fizemos a primeira escolha; o momento de decisão que nos levou a uma corrente de decisões que, por sua vez, se tornaram parte do nosso estilo de vida e daquilo que damos valor, o nosso mundo. Voltando àquele momento, voltamos à possibilidade de fazermos alguma outra escolha.

A separação eu-mundo precisa ser superada para que haja essa evolução. Os opostos, necessariamente, conduzem a um sistema de crenças dualístico. Essa separatividade nos aliena de uma perspectiva equilibrada. Tal separação acaba por originar um círculo de dualidades-eu e o outro. As coisas que dizem respeito ao eu são valorizadas e defendidas a todo custo. O dualismo é essa realidade de opostos. Nós a aceitamos como verdade porque ela é visivelmente aparente e logicamente compreendida. A noite segue o dia; a luz consome a escuridão; a alegria é mais confortável que a dor... O desafio é voltar a esse estado básico, atingir a união com ele e chegar à impermanência das coisas. A ética autocentrada foi a grande responsável pela contaminação da consciência real do eu. Transcendendo ao que é velho e cômodo, o indivíduo pode chegar à construção de uma nova ética e se descobrir responsável pelo sofrer. Percebe que seu eu não é independente, ao contrário, tudo existe em unidade e que o sofrimento do outro o afeta.

Agora não falamos apenas de consciência do eu, mas de uma consciência grupal, um estágio necessariamente superior. A realização do ser se faz por etapas, começando com a consciência desperta do ser, desapegado de todos os condicionamentos. Esses condicionamentos que inibem nossa resposta espontânea ao que somos precisam ser suspensos. Estamos apegados aos condicionamentos, aos nossos sentimentos, às nossas enfermidades, à nossa memória, aos nossos ideais... Ou bem somos conscientes de nós mesmos como esse eu, ou somos conscientes de nós mesmos como um ser. A consciência grupal é a síntese de pensamento que evolui a partir da absorção plena de todos os membros de um determinado grupo. A forma que se precisa para a criação de uma consciência grupal é a estrutura que permite a plena participação de todos os membros do grupo, um tipo de democracia mais completa. Essa estrutura requer respeito mútuo e ausência de ambição pessoal e, para que essa estrutura seja exteriorizada nos grupos sociais, uma verdadeira destruição de velhas formas precisa ser operada. É o trabalho de destruição/construção que normalmente se opera em nós, mas precisamos assumi-lo inteligentemente.

3 - Uma Dialética Contínua: Destruição/Construção

Desde a antigüidade, a preocupação com o processo de construção do mundo vinha sendo uma constante. Heráclito de Éfeso já apresentava, como um dos aspectos mais destacados de seu pensamento, a idéia da impermanência das coisas. Para ele tudo estava em mudança, não permanecendo nada parado no processo de construção. A célebre frase "não se pode penetrar duas vezes nas águas do mesmo rio" é esclarecedora dessa questão.

Empédocles, analisando o aparecimento do mundo, destacou, além dos princípios materiais que a física posterior denominou de elementos (terra, água, fogo e ar), dois outros princípios – amor e discórdia – como causas eficientes, na expressão de Aristóteles. O primeiro é o princípio que associa elementos, enquanto o outro os dissocia. Para ele, o "nascer" não seria gerado a partir do "não-ser", mas sim pela associação de elementos, de seres. Da mesma forma o "morrer" não seria a aniquilação do não-ser, mas a dissociação de elementos.

Ao longo desse tempo muitos apresentaram suas teses, abandonando um pouco a questão cósmica e se detendo mais na questão ôntica. Freud apresenta a dialética amor/ódio como expressão de seu pensamento na tentativa de explicar o comportamento do homem em relação a si e aos outros, tendo por foco a dialética construção/destruição. Classificou as pulsões (fontes de energia do comportamento humano) em dois grandes grupos: de vida e de morte. As primeiras servem ao propósito de sobrevivência e à propagação da espécie. São, portanto, agregadoras, construtivas. As pulsões de morte, muitas vezes chamadas de destrutivas, cumprem sua tarefa mais disfarçadamente do que as anteriores (agem silenciosamente). A finalidade de toda a vida é a morte, já nos dizia Freud em *Além do Princípio do Prazer* (1955). A vida não seria mais um meio de se chegar à morte. Na verdade, o desejo de morte no ser humano é a representação psicológica do princípio da constância de Fechner, qual seja a de que todos os organismos vivos tendem a retornar a um estado de coisas anterior, isto é, à estabilidade do mundo inorgânico. O impulso agressivo seria um derivativo desse impulso de morte. A agressividade, melhor definida, seria a auto-agressão deslocada para os objetos externos. Vemos que o foco está no processo de destruição tendo como resultado o retorno às coisas mesmas.

Já foi amplamente explicitado que na visão existencial o homem é criador de si: cria, produz seus atos, organiza sua história. O foco está no processo de construção, já que uma pessoa vai construindo a sua essência à medida que desenvolve a sua existência. Sendo um projeto, o indivíduo surge no mundo e só depois se define, não existindo antes desse projeto. Na verdade, ele é um nada que só passa a existir enquanto realiza escolhas. Essa é a essência da liberdade humana, da mesma forma que a liberdade faz o indivíduo ultrapassar o humano em direção à humanidade. Somente ao homem cabe o reino da liberdade que se manifesta concretamente em ato. Ser livre é fazer escolhas concretas. A individualidade, assim como a finitude, é definida pela realização de alguns possíveis e não de outros. Não seríamos livres se pudéssemos realizar todos os possíveis. A liberdade, então, é a escolha irremediável de certos possíveis. Ela subentende o fato de que todos os possíveis não serão realizados. O próprio conceito de para-si sartreano significa insuficiência de ser, não ser o bastante. Em conclusão desse pensamento, fica evidente que alguma resistência é necessária. Da mesma forma que a mudança temporal não pode ser absoluta, mas exige uma relação com algo que permanece, também a liberdade exige alguma coisa que a contrarie. Precisa de um campo de resistência do mundo. Sem obstáculos não há liberdade. A situação é o obstáculo necessário que se deve transpor para a realização de um fim. O conceito de liberdade sartreano não afirma que um homem se torna livre porque pode pensar e fazer o que quiser, mas sim que ele é livre para agir dessa ou daquela forma, seja para tentar uma fuga, seja para resignar-se à posição em que se encontra. A liberdade de escolha implica já um fazer. O fato de uma pessoa não realizar um fim desejado não significa que ela não seja livre. A verdadeira liberdade não é a liberdade de obtenção, mas a de eleição. Não consiste em poder fazer o que se quer, mas em querer fazer o que se pode.

Compete à consciência escolher a melhor maneira de viver a sua relação com o mundo. Pode optar pelo aspecto mágico, tão presente nas fantasias de todos (o choro como forma de evitar a confrontação do problema é um exemplo), ou optar pelo aspecto real fazendo uso da consciência reflexiva e da vontade. É a consciência que atribui sentido às coisas e delas faz um motivo para seus atos. A situação em que se encontra o indivíduo, a realidade objetiva, assim como as escolhas que fez no passado são fatos irrefutáveis, mas insuficientes, em sua inércia, para motivar seus atos. Existe um projeto que é movido por uma intenção e cria os atos. O projeto pode fazer com que as coisas pareçam impossíveis, decidindo pela renúncia. Se alguém escolhe se ver do modo como a consciência alheia o vê, assume sofrer passivamente esses juízos alheios, em vez de descartá-los. A liberdade só encontra os limites que ela mesma colocou. Ela escolhe os obstáculos que irá se defrontar.

Dizer que o indivíduo se cria significa eliminar a idéia de qualquer natureza prévia, ou mesmo a crença em Deus como uma espécie de artesão supremo. Mas a idéia de criação de si nos remete ao conceito de criação divina, a criação de algo a partir do nada, próprio da tradição judaico-cristã. Existe uma clássica oposição entre a lógica "do nada nada surge" (lógica da identidade) e "do nada surge todo ente enquanto ente" (lógica do devir). A primeira aparece exemplificada pela posição de Empédocles, enquanto a segunda, a qual prega que o mundo surgiu por um ato de pura e radical criação, é exemplificada pela posição de Heráclito. Tal radical criação também estaria na criação de si, o que significa que existe algo de divino na criação humana. De certo modo essa só pode ser compreendida quando há algo nela daquilo que se pode considerar como criação divina, isto é, quando se considera que algo se cria em vez de apenas se remodelar, tal como a criação artística. As opiniões a respeito variam desde aqueles que consideram impossível o tratamento conceitual de tal questão (quer por questão de fé, quer por ser incompatível com o saber racional), até aqueles que atacaram o problema de modo racional.

Voltando à posição existencial, se o homem é um nada que, por um ato de criação, inventa a si mesmo, não existe então história, nada realmente anterior? Quando se fala que o homem é um projeto, diz-se que ele é um lançar-se contínuo às suas possibilidades renovadas. Em relação a isso, ele não é, mas será. É a liberdade que possibilita nadificar o ser e temporalizar-se, fugindo do passado e lançando-se em projeto aos possíveis futuros. Precisa realizar escolhas para produzir a invenção de si. É livre para se criar (ou se destruir) e essa criação aparece pela valoração que a consciência realiza. A consciência, ao intencionar um objeto, apreende-se a si mesma como consciência. É um vazio, uma falta que quer ser completada. É, por isso, um deslize para o objeto (em-si) na tentativa de buscar a completude. Existe uma liberdade que se move por meio de suas possibilidades, procurando criar-lhe um conteúdo. Sendo um ato de captação (pela percepção, imaginação etc.), por meio desse gesto, vai dando significado ao mundo. A amplitude de formas de captar o objeto é indicativa de que a consciência é sempre consciência de um mundo. Extrai, portanto, as normas de si mesma assumindo total responsabilidade na criação de seus próprios valores, no sentido do mundo e da vida. Os objetos do mundo passam a existir para essa consciência intencionada, da mesma forma que a consciência só existe relacionada ao objeto a que intencionalmente se dirige. (Erthal, 1989)

Com a consciência surge a significação e a contínua criação, pois a cada significação um objeto é iluminado e passa a ter uma existência própria. Do mesmo modo, quando o indivíduo realiza escolhas, cada uma delas é parte iluminada da criação de si. Em relação ao subseqüente nada existe; é o novo. A cada possibilidade algo novo surge que está em descontinuidade com o anterior. O que era deixou de existir para dar lugar a algo existente agora. Para que o novo exista é preciso que o velho acabe, seja destruído, seja nada.

Podemos dizer que, no processo de destruição de nós mesmos, operamos uma total revolução: transformamos o velho em nada (destruição do preexistente) para dar lugar a algo realmente novo. É apenas nesse ato de criação que se experiencia liberdade.

Muitos pensam estar criando a si mesmos sem que se apercebam de que estão se apoiando em máximas apriorísticas, ou seja, transformando-se em mais uma coisa no mundo, talvez fugindo da solidão ou da temível verdade de que a liberdade está limitada por si mesma. Buscam, contudo, o absoluto em nome de valores externos, dando preferência à avaliação de outros, em vez da responsabilidade na invenção de si. É preciso assumir essa liberdade. Sem se saber livre, o indivíduo nega esse processo revolucionário. É como se negasse a sua própria significação para dar lugar àquelas que adquiriu do outro, se encarcerando em um quadro ação-reação.

Por analogia, pode-se ver, como exemplo, a oposição entre o reacionário e o revolucionário. Segundo Aurélio, o primeiro desenvolve comportamentos que expressam rebeldia à liberdade. Colocando-se como oposto de um sistema, tece uma rede de dependência de outro. Não há criação, pois mantém intacto aquilo que parece rebelar-se: nem destrói nem supera; ao mesmo tempo que ataca, respeita. Contudo, rebeldia não é libertação, uma vez que revoltar-se constitui uma reação que estabelece peculiar padrão. Parece se tratar de algo novo, mas é o velho colocado em uma diferente roupagem.

O revolucionário, por outro lado, impõe e procura mudanças no mundo. Quer dar uma ordem aos seus próprios valores. Não se satisfaz em ser opositor, mas em criar algo que se coadune com os seus princípios. Aquele que cria, assim como aquele que revoluciona, se transporta durante a criação, pois o prazer não está na criação em si, mas na liberdade mesma de criar.

Ora, se precisamos transformar o velho em nada para que o novo ocupe o seu lugar, não seria a destruição um processo de construção? A destruição não surge do nada, mas a partir de algo já construído que é transformado em vazio. Enquanto na construção partimos do nada, na destruição chegamos ao aniquilamento de algo já criado. Aparentemente dois processos antitéticos, mas com uma possível ligação interdependente.

A questão do bem e do mal constitui outro bom exemplo para elucidar melhor esse ponto de vista. Existem em todo homem, em todo momento, duas postulações simultâneas: uma até o bem e outra até o mal. Tais postulações são uma em função da outra. Alguém pode escolher o mal, como destruição de si, minando todas as suas possibilidades, agindo destrutivamente, aniquilando chances de ser feliz. Faz jogos que, na realidade, servem de armadilhas para si mesmo, impedindo-o de viver melhor. Embora prejudicial ou atroz, esse indivíduo não está fazendo o "mal pelo mal". A desaprovação pelo que está fazendo está no olhar do outro. Não se dá conta de seu mecanismo de má-fé, o que não é o mesmo que negar, pois má-fé é um tipo de fé. Fazer o "mal pelo mal" (consciência clara dos resultados) é fazer o oposto do que se pensa como bem. Na criação deliberada do mal, aceita-se deliberadamente o bem. Há um rendimento de homenagem desse bem que se nomeia como mal. É como se apoiasse no bem para realizar o mal – dois lados de uma mesma moeda. Assim também é a relação destruição/construção. Existem vezes em que apenas se destrói, mas nesse caso não existe interdependência. Para que esta exista há necessariamente uma construção posterior.

O que até o momento foi falado é o processo de construção ou de destruição de si. Como fica a destruição do outro? Existem dois aspectos básicos: a destruição do outro enquanto pessoa sentida como ameaçadora e a destruição do outro como objeto de afeto não atingido. No primeiro caso, alguém tenta destruir o outro provavelmente porque constitui um empecilho em seu caminho. As ameaças variam entre a posição na qual o outro é visto espelhando características ausentes no próprio indivíduo, e aquela em que se vê o outro como aquele que pode bloquear o seu crescimento. A necessidade de destruí-lo implica também possuí-lo, criá-lo. No processo de destruição provoca-se sofrimento no outro procurando dominá-lo com uma atitude de verdugo. Cria-se o outro segundo a imagem que se lhe impõe. Cria-se a si próprio como senhor absoluto do outro que é mantido sob o seu comando. A dialética "vítima *versus* verdugo" é criada na qual a vítima se permite ser destruída, enquanto o verdugo destrói. Quando a vítima cessa, o verdugo entra em cena.

A segunda situação é diferente. Quando não se consegue obter o objeto do desejo, pensa-se em destruí-lo (dialética amor/ódio). O ódio aparece pela simples incapacidade de amar – não podendo amar o outro, dirige-se a ele o ódio. Mas, na verdade, esse processo se estende ainda mais. O que se quer destruir é a imagem de fracasso que está projetada no objeto concreto do desejo. Não possuí-lo é não se sentir capaz. Em face da troca amorosa, pode-se querer simplesmente suprimir a transcendência do outro, destruí-lo como consciência.

Em qualquer um desses casos, ao se destruir a ameaça, destrói-se também a si mesmo, pois há uma perda da possibilidade de se rever em todas as possibilidades. Não será esse um tipo de construção? Ainda que como um ser-para-o-outro, há uma criação. Não se trata de avaliar se é um processo bom ou mal de criação. Essa escolha, assim como seu julgamento, pertence ao criador de seus atos.

Da mesma forma que o poeta cria a sua poesia do nada, sendo levado pelo lirismo de sua intuição, a criação de si se apóia na confiança intuitiva da liberdade de ser. A invenção de si, limitada às circunstâncias objetivas, não acaba nunca e o processo de destruição/construção será sempre evocado, permitindo um crescimento contínuo.

Examinado o processo de construção e de destruição que o homem se utiliza para seu crescimento, voltamos às questões sobre como destruir tudo aquilo que leva ao sofrimento e sobre a construção de um mundo melhor fazendo parte do projeto de vida de cada um.

4 - Tipos de Sofrimento

A consciência de uma liberdade mais abrangente e comprometida em ato desfaz a idéia de vários eus povoando o mesmo mundo. Uma visão de unidade relacional garante a preocupação com o bem-estar de todos. Palavras como amor, compaixão, amizade e respeito passam a ser freqüentadas no dicionário amoroso de todos os que concordam e adotam essa postura. Não podemos descartar a idéia de dor, mas há uma diferente forma de sua distribuição, pela partilha e pela solidariedade. É a introdução do "entre", postulado por Buber, que queremos apontar. Tomemos como exemplo uma reunião de condôminos que decidem colocar seguranças no prédio, por um período constante. Isso, evidentemente, acarreta muitos gastos, embora traga mais conforto para os moradores em uma época tão violenta como a que estamos passando. Imaginemos que apenas uma das condôminas não tenha possibilidade para entrar nesse rateio. Começa aí o seu problema se não houver compreensão de todo o grupo sobre a sua condição. Sentimentos de inferioridade, que podem gerar agressividade ou isolamento, aparecem. O grupo todo pode sentar e repensar o problema das partes até que uma solução seja adotada, satisfazendo a todos, ou pode adotar a política de que o todo é superior à soma de suas partes e deixar a moradora sozinha com seu problema. Reparemos que o sofrimento está associado a posturas egoístas que normalmente se adotam. Por essa razão dizemos que a fonte maior do sofrimento é o próprio homem com seus equívocos e ilusões.

Estarmos unidos àquilo que não gostamos e separados do que gostamos já é em si sofrimento. Temos de entender o sofrimento observando nossos próprios pensamentos, sentimentos, desejos, apegos e ambições. Todo o ser sofre quando não consegue ser ele próprio. Essa atitude de má-fé transforma em obrigação a representação daquilo que ele não é originalmente. Disso alguns tomam consciência, outros não. Mesmo aqueles que descobrem esse distanciamento a interpretam em um contexto que lhe é peculiar e segundo as ocorrências de sua própria vida. Krishnamurti (1975) disse que nunca indagamos se há possibilidade de reduzir o sofrimento humano. Para nos livrarmos dele precisamos compreendê-lo, não interpretá-lo. A visão egoísta leva à autocompaixão que aumenta o sofrimento, resultando em medos, fugas, violência... O vazio existencial é preenchido externamente, isso porque a solidão assusta.

Existem três tipos de sofrimentos: físico e mental (pelas condições da existência), psicológico (pela constante transitoriedade das coisas) e a irrealidade do eu. No primeiro tipo, posso tentar superar as condições em que me encontro, posso simplesmente aceitá-las ou mesmo negá-las. A resposta que vou adotar depende do grau de investimento necessário que decido ter, da importância do que quero ultrapassar e da forma com que eu me vejo. A segunda forma consiste na dificuldade de aceitar a impermanência, por causa da necessidade de buscar sempre o controle dos acontecimentos. O terceiro, a visão irreal de um eu que existe independentemente dos demais. Seja qual for o tipo eleito, haverá dor. A dor é a impossibilidade de manter o estado de felicidade. A felicidade que se busca compulsivamente mantém o próprio sofrer. Repetindo Heráclito e Confúcio, tudo segue fluindo sem cessar, como as águas de um rio.

A filosofia oriental parece ser mais coerente quando prega que a vida é uma ponte que pode ser atravessada, mas não se pode construir um castelo nela. Dessa forma, fica claro que tanto a felicidade quanto a dor não podem ser eternamente mantidas. Há uma constante dinâmica no universo; tudo se move, nada está em repouso. A grande ilusão da mente é o desejo de manter a permanência, de manter o controle, tendo como base esse eu criado e a ilusão de ser independente do resto. O que é para ser negado não é o eu convencional, mas sua realidade independente. Acreditando na interdependência de eus, na visão global, a visão egoísta dá lugar a uma visão mais integrada.

Dizer que o homem experiencia seu mundo significa dizer que ele explora a superfície das coisas e as experiências. Entretanto, a aproximação do mundo não é feita apenas por meio das experiências, de acordo com Buber. É como dizer que o experimentador não participa do mundo. Deixa-se experienciar passivamente, sem parecer ter nada a ver com isso, sem que nada disso o atinja.

No exemplo da moradora com problemas, podemos apreendê-la como imagem, isto é, alguém que está diante de nós, com certa aparência e uma impressão que me causa. Posso perceber seu desespero com a observação de suas expressões faciais e tipo de fala, posso deduzir o tipo de vida que leva. Ela é um mero objeto diante de mim. A necessidade de controle, existente em mim, confere esse tipo de descrição distanciada. Se, no entanto, por vontade própria, eu entrar em relação com ela, ela já não será esse objeto (em-si ou isso a que já nos referimos anteriormente). É como se a força de sua exclusividade tivesse se apoderado de mim. Nada do que pude observar da pessoa precisa ser eliminado; faz parte dela. Tudo está inserido em uma totalidade. A moça não é mera impressão dos meus sentidos e sentimentos. Ela é uma pessoa diante de mim e tem algo a ver comigo, da mesma forma que eu tenho algo a ver com ela, se bem que de modo diferente. Relação é reciprocidade, enquanto no modo da experimentação e da exclusão. Posso permanecer na descrição da cor dos seus olhos, na forma como desesperadamente pronuncia as palavras, no seu choro, na sua fragilidade... Permaneço distante, sem qualquer relação existente.

> A vida do ser humano não se restringe apenas ao âmbito dos verbos transitivos. Ela não se limita somente às atividades que têm algo por objeto. Eu percebo alguma coisa. Eu experimento alguma coisa, ou represento alguma coisa, eu quero alguma coisa, ou sinto alguma coisa, eu penso em alguma coisa. A vida do ser humano não consiste unicamente nisso ou em algo semelhante. Tudo isso e o que se assemelha a isso fundamenta o domínio do isso. O reino do Tu tem, porém, outro fundamento. (Buber, 1979, p. 4-5)

Transcender é projetar-se para fora, colocando-se como observador participante das vivências. O que a filosofia oriental chama de desapego é essa transcendência. Quando adquirimos essa postura podemos entender o sofrimento e eliminá-lo. O que nos leva a sofrer é essa contaminação da percepção com tudo o que queremos defender em nós – o nosso sistema de crenças. Apesar de ter servido por algum tempo, para determinado propósito, o apego a essas crenças nos petrifica, impedindo o processo da eterna construção, de viver o agora. O medo advém da necessidade de nos manter inalterados. Aprendendo a observar corretamente, deixando o processo de vir-a-ser ocorrer livremente, nos dando conta da transitoriedade das coisas, cessamos com o medo, ampliamos nossa consciência e, com isso, desenvolvemos a compreensão incondicional do outro. Somos mais do que um sistema de crenças; somos os criadores de valores que se dispõem à transformação, ao fluxo do devir e, portanto, livres para recriá-los. Quando isso é percebido caem as barreiras entre o eu e o mundo e o eu-sou-no-mundo ou o estou-sendo-no-mundo pode ser vivido. O homem é aquilo que faz de si mesmo e tal como ele pensa, assim ele é.

Como psicoterapeutas, preocupados que somos com a existência humana, não estamos isentos das agruras que ocorrem no mundo. Damos parte do nosso tempo a esse tipo de preocupação ou só nos importamos com o nosso sucesso profissional? Aprimoramos o nosso saber para servir apenas aos nossos propósitos pessoais ou para servirmos de modelo à sociedade? Cada vez mais o papel do psicólogo está presente na sociedade atual. Ele é chamado para resolver problemas ou ajudar na sua solução em diferentes setores – esporte, empresas, escolas, instituições religiosas... Ele é um veículo social de idéias, um modelo e, portanto, pode fazer de sua postura existencial uma concretização. Mas será que ele está preocupado com o que afeta ao todo? Não estará ele fechado no seu próprio mundinho teórico em que garante apenas a sua parte na sobrevivência e/ou no seu *status*? É imprescindível o comprometimento entre os conceitos adotados e a sua aplicabilidade."Ser é agir", na expressão sartreana, e enquanto estivermos alienados dos problemas pelos quais a humanidade, da qual somos apenas uma parte, está passando, não estamos comprometidos com esse papel social que nos cabe. Fizemos uma clivagem entre ela e nós próprios. Desse ponto de vista é que precisamos transcender. Ultrapassando a consciência individual em prol dessa unidade de consciência, poderemos refazer a caminhada humana, na qual o sofrimento, oriundo desse eu mimado, é desiludido, desmascarado, desenganado.

Dessa forma, a elaboração do sofrimento só pode ser atingida pelo esforço e disciplina da própria pessoa. O sofrimento não está fora de nós; ele existe no fluxo do pensamento. Várias mortes são necessárias para o encontro dessa verdade. Perdemos aquilo que nos ligava à rígida construção de nós próprios. Desfazemos os elos que impedem o vir-a-ser e o resultado é um novo modo de viver. Penso que a grande contribuição do existencialismo hoje é a construção de uma nova ética na qual a visão egocentrada dá lugar a uma visão mais globalizante. É a transcendência que só é atingida pela consciência dessa liberdade, característica básica de todo ser humano.

Conclusão

"O homem só pode se encontrar, perdendo-se." (Sartre)

A construção de algum projeto, seja em relação a si seja em relação ao outro, arremessa o homem ao porvir, contendo no presente esse futuro que será. O futuro é o eterno fornecedor do presente, pois a consciência faz do futuro algo que já é. Pelo seu caráter de permanência o passado se assemelha a um objeto e, petrificado, nos leva à necessidade de um novo presente. Ao mesmo tempo, é o futuro que sinaliza as minhas possibilidades, anunciando à minha consciência a perspectiva e o desejo de realizá-las. Todas as velhas idéias encontram-se petrificadas nesse passado que constitui hoje apenas uma história. Elas tiveram importância básica durante um período de nossas vidas. Mas o desenvolvimento não cessa, a menos que nos tornemos coagulados em objetos. Nesse processo constante de crescimento aparecem as vívidas e necessárias dialéticas. Elas constituem os diferentes opostos que nos levam à dura realização das escolhas. Cada escolha será uma criação que pode revolucionar, dando um colorido diferente ao que vinha sendo mantido, ou ser uma fantasia de criação que mantém a situação original inalterada, mas com a assinatura de mudança. Para construir é necessário destruir o velho, dando uma aparente sensação de falta de referência àquele que está criando. Até que o ato de criação seja devidamente sentido, ou assumido, o homem vive sua própria falta. Essa falta nos lança ao encontro de um possível que nos decepciona, já que não completa. Abre-se uma nova falta; o futuro atingido cai no passado. Destruímos e construímos, a todo momento, na tentativa vã de nos preencher. Ficamos situados no efeito e esquecemos a beleza do processo. Se nos entendemos como seres criadores, assim como concebemos deuses em ação, devemos também ter em mente que o ato de criar é mais gratificante do que o objeto criado. E, se conseguimos enxergar por essa ótica, preocupamo-nos menos com a manutenção das velhas formas, nos ocupando de viver o fluir dos acontecimentos. Elásticos, podemos arriscar nos perder, pois já sabemos como construir um caminho. A crença na própria capacidade é o que assegura a abertura do canal da intuição, que livre pode criar. Somos a dialética e devemos saber lidar com isso. Podemos escolher fechar os olhos e continuarmos passivamente uma história que construíram para nós, ou escolher ser o poeta absoluto de uma história, cujo final é apenas um projeto, sem garantias de realização. A única garantia é a de sermos os grandes construtores e responsáveis por tudo no mundo – por mim, pelo outro que comigo se relaciona, pela humanidade da qual eu sou apenas uma parte. Não é pequeno o nosso fardo, mas totaliza a liberdade, dom de todos nós.

A proposta de uma relação unitária, a que chamei de consciência grupal, passa necessariamente pela reformulação da ética das relações. Qualquer psicoterapia que se disponha a ajudar um homem a se conhecer e a viver melhor precisa ter claro esse princípio. A compreensão empática proposta por Rogers (1957) é o que mais se aproxima desse objetivo. Partindo de uma aceitação incondicional do outro, estabelece um vínculo realmente relacional. Estabeleceu a condição de calor humano no *setting* terapêutico, que muito se assemelha ao amor mencionado por Buber. O que precisa ficar claro é a presença totalizante do terapeuta nessa relação doadora, com a proposta construtiva de ensinar essa totalização ao seu cliente. Totalização não significando preenchimento, mas inteireza na relação estabelecida. Tanto o terapeuta quanto o cliente estão envoltos em uma parceria de mudança. É o encontro real entre dois seres que vivem momentos de descobertas. O terapeuta não está pronto em seu conhecimento de si, pois se estagnaria na postura de objeto. Ele também revive seu processo de construção na relação que estabelece. É óbvio que o cliente está mais aquém desse processo inicialmente, pois ainda precisa se conhecer melhor, passo a passo, para depois encarar a impermanência desse eu que acabou de conhecer e que precisa transcender.

Muitos dos meus clientes expressam verbalmente um bem-estar na terapia. Falam de como gostam de estar ali e de encontrar um ponto de aplicação para as verdades que estão descobrindo. Apesar de algumas descobertas serem difíceis, nem por isso são dolorosas. Isso talvez se explique pelo fato de que dividimos cada pedacinho do sentir, da descoberta, das fantasias... Eles não se sentem como objetos de experimentação, ou como aqueles que falam todo o tempo tendo um profissional como apenas um ouvinte. Existe uma relação de reciprocidade.

O problema de alguns terapeutas é admitir que a contemplação autêntica não é eterna. O ser natural que acaba de se revelar a ele no segredo da ação mútua torna-se posteriormente descritível. Talvez as palavras de Buber esclareçam mais o que quero dizer:

> E o próprio amor não pode permanecer na relação imediata; ele dura mas numa alternância de atualidade e de latência. O homem que, agora mesmo era único e incondicionado, não somente à mão, mas somente presente, que não podia ser experienciado mas somente tocado, torna-se de novo um ele ou ela, uma soma de qualidades, uma quantidade com forma. Agora eu posso, de novo, extrair dele o colorido de seus cabelos, de sua voz ou de sua bondade; porém, enquanto eu fizer isso, ele não é mais meu tu ou não se transformou ainda novamente em meu tu. O isso é a crisálida, o tu a borboleta. Porém, não como se fossem sempre estados que se alternam nitidamente, mas, amiúde, são processos que se entrelaçam confusamente numa profunda dualidade. (Buber, 1979:20)

O amor é a grande força que permite aos homens se desligarem da confusão das próprias coisas. Desarma, desprende, liberta, unifica... É para nós muito mais natural criar a partir do amor do que do não-amor. Desejo é amor da personalidade; conhecimento é amor pela verdade. Com ele e através dele a singularidade ressurge de forma estupenda. Com ele se pode agir, ajudar, curar, educar, saber... Cada um de nós tem uma individualidade, defendida pela psicologia como uma imagem desenvolvida com o passar do tempo. Pessoal, essa identidade é isolada e separada de qualquer individualidade. A conseqüência mais cruel da dualidade é acreditarmos que é certo trancar o amor do lado de fora. Estar aberto é equivalente a ser fraco. Parece paradoxal, mas desapegar-se precisa ser o primeiro passo para encontrar de fato o outro, já que o amor nunca é uma imagem. Amor é uma responsabilidade nossa para com o outro. Nisso consiste a igualdade daqueles que amam, igualdade que não pode se enquadrar em um sentimento qualquer. Consiste no auto-sacrifício de abrir mão de si mesmo visando algo maior. E aí, em plena concordância com Buber (1979), podemos compreender melhor Aquele que se deixou crucificar na cruz da vida, tendo um único, ousado e inacreditável propósito em mente: amar os homens!

Referências Bibliográficas

BUBER, M. *Eu e Tu*. Introdução e tradução Newton Von Zuben. São Paulo: Cortez e Moraes, 1979.

BOFF, L. *Ecologia*. Grito da Terra, Grito dos Pobres. São Paulo: Ática,1995.

_____. *A Águia e a Galinha*. Petrópolis: Vozes, 1997.

ERTHAL, T. C. *Terapia Vivencial*. Petrópolis: Vozes, 1989.

FREUD, S. *Além do Princípio do Prazer*, 1955.

KRISHNAMURTI, J. *Reflexões sobre a Vida*. São Paulo: Cultrix, 1975.

PEGORARO, O. *Ética e seus Paradigmas*. In: HUHNE, L. M. (org.). Rio de Janeiro: Uapê: Seaf, 1997.

ROGERS, C. *Client Centered Therapy:* its Current Practice, Implications and Theory. Boston: Houghton,1957.

SARTRE, J. P. *L'etre et le N'eant*. Paris: Gallimard, 1943.

_____. *L'existencialisme est un Humanisme*. Paris: Nagel, 1946.

VERÍSSIMO, L. *Ética Teleológica e Moral Deontológica*. Trama, Rio de Janeiro: vol. VI, nº 10, 1999.

Capítulo 4

O ESTÉTICO, O ÉTICO E O RELIGIOSO NA CONTEMPORANEIDADE

Ana Maria Lopez Calvo de Feijoo

Introdução

Para abordar esse tema é importante tecer considerações sobre o primeiro filósofo/pensador que retoma a existência humana como um processo em que os estágios estético, ético e religioso são vividos de forma não exclusiva e no qual cada estágio traz em si mesmo o germe do outro. Kierkegaard enumera três estágios que se correspondem de diversos modos: estético, ético e religioso. Refere-se a zonas intermediárias desses estágios: a ironia que se situa entre o estético e o ético, o humor que se dá entre o ético e o religioso e o absurdo que se instaura entre o religioso e a fé.

Os estágios de vida não podem ser entendidos como etapas do desenvolvimento do homem, como se uma vez alcançada uma etapa a outra estivesse totalmente superada. Kierkegaard não deixa de lembrar a validade estética do matrimônio, sem considerar a importância do ético e do religioso na relação de casamento. Destaca, também, o equilíbrio entre o estético e o ético na formação da personalidade.

As obras escritas por Kierkegaard foram identificadas por meio de pseudônimos. No seu pós-escrito explica que nisso consistiu sua estratégia para atingir seu objetivo, conduzir o homem à fé. Para tanto, necessitava ir aonde a maioria dos homens se encontrava: no prazer do estético. Como seus escritos contemplavam situações estéticas, éticas e religiosas não poderia se identificar, pois assim perderia leitores que se afinavam apenas com uma dessas situações. As suas obras estéticas não se deram no seu estágio estético, obrigatoriamente, ou por ter tido uma fase de sua vida predominantemente estética, mas sim porque nisso consistia sua estratégia, para desatar os laços da ilusão em que muitos viviam, acreditando ser o que em ato não eram. Kierkegaard se reconhece como um escritor religioso, no entanto incompatibiliza-se com qualquer religião. Sua fé consistia na sua relação com Deus sem intermediários.

Em *Mi Punto de Vista*, o autor afirma que logo que revelasse suas intenções e deixasse cair por terra a idéia de que era ela o sedutor, suas obras deixariam de agradar, pois saberiam que aquilo que escrevera para seduzir o leitor não passara de um plano. O estético era vivido por Kierkegaard em pleno gozo na sua poetização da realidade, a qual ele vivia na forma de reflexão poética, que consistia em uma atividade também prazerosa. Refere-se à poesia como consistindo no ápice de transformação da realidade. Distingue dois modos de vivência poética. Viver poeticamente é viver no infinito, sem desfrute do prazer, mas mergulha fundo em si mesmo para ganhar transparência. Aquele que alcança o prazer poeticamente tem o objetivo em situações externas, portanto, vive uma existência poética. Parece que o projeto de vida de Kierkegaard consistia em viver poeticamente e não ter uma existência poética.

Sören Aabye Kierkegaard viveu entre 1813-1855, na Dinamarca. Filho de um pastor e criado sob os princípios religiosos do protestantismo, teve uma educação rígida, a que ele se refere como não permitindo nunca ter sido uma criança, pois seu pai exigia que ele se portasse como um adulto. Ao remeter-se à sua relação com seu pai, relata o grande amor que sempre nutriu por ele, sem nunca lamentar a sua austeridade; ao contrário, reafirma-a, dizendo que foi a sua criação que lhe possibilitou ir fundo nas suas reflexões e chegar o mais próximo possível dos mistérios da alma humana. Continua, afirmando que o verdadeiro amor é aquele que sente com relação ao seu pai. Ama-o incondicionalmente. Diz ainda que é muito fácil amar a quem sempre foi permissivo e benevolente, difícil é amar aquele que foi hostil. Conclui que é na superação que reside o verdadeiro amor. E superar parece ter sido a questão permanente na vida desse escritor. Capaz de abandonar tudo aquilo que lhe desse segurança e reconhecimento, e assumir suas opções com os riscos que lhe trouxessem.

Kierkegaard, durante sua juventude, preparou-se para assumir a vida religiosa na condição de pastor. Já prestes a conquistar esse espaço, começa a discordar de muito do que acontecia nas instituições religiosas. Apontava para a contradição em que viviam aqueles que pregavam a fé, as suas ações não correspondiam às suas falas. Acusava-os de viver na ilusão, carecendo de transparência, uma vez que acreditavam ser cristãos quando em ato não o eram. Identificavam-se como cristãos, porém não agiam como tais. Diz, ainda, que os ideais ditos cristãos são na verdade cristandades. O ano-novo é o consolo e o Natal, festa de crianças. Consistem em um modo de esconder a verdade da existência e a realidade. A modernidade se incumbe de levar tal ilusão ao extremo, esconde o absurdo e as contradições da vida na sua obstinação de negar a morte. Acreditava que os líderes religiosos deveriam viver no predomínio do estágio religioso e que isso não acontecia. Nas suas vidas predominava o estético e, quando muito, o estético-ético. Essas duras críticas às instituições religiosas e aos seus líderes resultaram em sua expulsão.

Outro importante rompimento de Kierkegaard foi o de seu noivado com Regina Oslen. Se no primeiro rompimento com a instituição religiosa houve dor, não se sabe, pois a todo tempo esse filósofo não se cansava de tecer suas críticas; no segundo, a dor foi sempre lembrada e escrita de forma indireta, porém clara para aqueles que conhecem o modo de autorrevelação desse dinamarquês. A separação se dá no auge da paixão de Kierkegaard por Regina. Ambos mostram em suas atitudes e semblantes o sofrimento. Regina tenta a todo custo saber o motivo, porém nunca soube ao certo o que levou Kierkegaard a essa decisão. Este, por sua vez, nunca deixou de vê-la, nem de escrever sobre ela. Ao morrer deixou o que sobrara de sua fortuna para Regina.

Kierkegaard se opõe ao modo como a filosofia moderna impõe seus critérios. A verdade constitui-se no fundamento do pensamento moderno e é definida como a adequação entre sujeito e objeto. Para Kierkegaard ocorre algo que foi esquecido na modernidade, a presença viva do existente nesse processo, tornando impossível tal adequação. Tece consideráveis críticas à dialética de Hegel e à filosofia moderna que tem início em Descartes, por terem desviado a filosofia de sua origem: o pensamento grego. Não aceita a proposta cartesiana que toma a dúvida como ponto inicial. Afirma que esse modo de construção do conhecimento é inconsistente, uma vez que se remete à consciência, e esta possui uma natureza contraditória.

Afirmar que Kierkegaard retoma o pensamento de Sócrates, que defende que para se chegar à verdade é preciso buscá-la em si mesmo, também não é real. O modo de pensar grego faz-se presente em toda a obra do dinamarquês, ao buscar os fundamentos daquilo que se propõe pensar. Para Sócrates, a verdade consistia em uma recordação proveniente de reminiscências. Ao formular que a verdade se dá em uma relação paradoxal com o existente, desconsiderou o fator externo, acreditando que no interior do homem reside a verdade. Kierkegaard (1995) cita o modo como Sócrates aborda a questão da verdade: "Todo aprender, todo procurar, não é senão um recordar, de sorte que o ignorante apenas necessita lembrar-se para tomar consciência, por si mesmo, daquilo que sabe" (p. 28). Kierkegaard acredita que a busca da verdade se dá em uma dialética na qual a interioridade e a exterioridade estão em jogo no instante, por fim, consiste no salto. Cada homem constrói sua própria verdade de forma dinâmica e relacional.

O filósofo dinamarquês afasta-se da explicação metafísica do homem ao afirmar que a existência (eksistenstsen) assume no prisma humano um estar-aí (vaere til) que se identifica com o sujeito (subjekt), com o indivíduo como tal, alcançando a singularidade (enkelten). Opõe-se, radicalmente, à idéia de tomar o homem como objeto, afirmando: "Um homem individual existente não é uma idéia". O existente humano não é equiparável aos seres não pensantes. Afirma, ainda: "Existir como tal não é ser no sentido que uma batata é". Uma batata jamais poderá interrogar-se sobre si mesma. A existência é a única coisa que não existe de forma abstrata.

Kierkegaard vai tratar a interioridade e a subjetividade em outra perspectiva, diferente da científica. Aquele que busca a verdade deve estar impregnado de paixão. Sentimento que parece ausente tanto nos modernos pensadores abstratos como nos antigos céticos. Assim, o indivíduo se torna capaz de possibilitar na mais profunda interioridade a repetição do encontro do sujeito com a realidade. Surge, dessa forma, uma autocompreensão do homem singular, que não se dá tendo como referência um sistema de verdades exteriores nem um mergulho em si mesmo, desconsiderando a própria realidade humana.

Tece as mesmas críticas a Hegel por colocar o início do conhecimento no sistema com a imediatez da existência. Kierkegaard se opõe à busca da origem, acredita que o conhecimento e a existência se dão por saltos e que toda verdade alcançada pelos sistemas não se dá no imediato, pois ocorre em um ato de reflexão. Daí propõe os estágios da vida: estético, ético e religioso, para substituir a dialética da tese, antítese e síntese tal como propostos por Hegel. Nessa perspectiva, o surgimento da antítese substitui o da tese e, por fim, a antítese constitui-se no terceiro termo, que afinal é uma abstração. Kierkegaard utiliza-se da idéia de retomada (repetição) na qual (estético, ético e religioso) se dão na concretude da existência de modo não exclusivo.

Por fim, afirma o filósofo da existência que a realidade não pode ser alcançada pelo puro ato do pensamento, porém se identifica com nitidez no existir. Tornando-se imprescindível para atingi-la a paixão. Segundo Kierkegaard, é a paixão que possibilita o ingresso no âmbito da realidade. A existência também resgata o doloroso e escorregadio devir da realidade.

1 - A Terminologia de Kierkegaard

Alguns termos utilizados por Kierkegaard necessitam de esclarecimentos para que se possa compreender o que este autor entende por estágios da existência: ilusão, transparência, pecado, angústia, culpa, dialética, paradoxo, desespero, queda.

Sobre a ilusão: Kierkegaard chama a atenção para o fato de os homens viverem na ilusão, que consiste na situação que o homem acredita ser, agir e decidir aquilo que não é, não age e não decide. Situação em que o homem mostra-se desconhecedor de si mesmo. Para sair dessa situação, faz-se necessário refletir, e assim ganhar transparência, que consiste na revelação do eu para si mesmo. Na reflexão reside a questão do psicológico, ao qual se chega por meio do refletir acerca de si mesmo:

atos e escolhas, pois para se chegar ao religioso muitas pessoas primeiramente precisam de maior conhecimento de si mesmas.

Sobre a transparência: Gjennemsigtighed, traduzido como transparência, é utilizado por Kierkegaard e consiste na qualidade que o indivíduo possui para ver alguma coisa de si mesmo, na maneira como a pessoa aparece a si mesma. Um giennemsigt é descrito como uma abertura pela qual a pessoa pode ver. Giennemsigtig, de acordo com Molbech, é aquela qualidade que permite que raios de luz apareçam e permitam ver alguma coisa. Logo, gjennemsigtighed é utilizado por Kierkegaard como algo que permite à pessoa perceber alguma coisa além daquilo que se mostra. Descreve a transparência em diferentes modalidades, de acordo com os diferentes estágios da existência.

Sobre o pecado: Afirma Kierkegaard:

> A natureza do homem contém a possibilidade do pecado. O homem, por sua natureza pecaminosa, vive na intranqüilidade. O pecado original como possibilidade de escolha traz a consciência da culpabilidade, o sofrimento e a angústia.

Sobre a angústia: sentimento que ocorre diante da possibilidade, caracterizando a situação de liberdade. O homem é livre para o pecado. "Estabelecido o pecado, ele corresponde, sem dúvida, à extinção de uma possibilidade; porém é concomitantemente uma realidade abusiva." O pecado como possibilidade fica intimamente relacionado com a angústia. À Psicologia cabe, então, abandonar o pecado e estudar a angústia.

Sobre a culpa: a angústia e sua dialética diante da culpa consistem, ao surgir a culpa, em desaparecer a angústia e emergir o remorso. A angústia que está no judaísmo é a da culpa. Na tentativa de resolver tal angústia o judeu recorre ao sacrifício. No entanto, para se resolver esse equívoco angústia e culpa, teria de se estabelecer o arrependimento.

Sobre a dialética: para Hegel, a dialética do ser se dava em um processo triádico, em que a tese é o ser, a antítese é o não-ser (o nada) e a síntese é o vir-a-ser (devir). Assim tudo se move em direção a uma autoconsciência maior até atingir o Espírito Absoluto, capaz de contemplar a si mesmo em plena transparência. A dialética de Kierkegaard se caracteriza pela ausência de síntese, o que permanece é a incerteza última que jaz na incerteza. Substitui o Espírito absoluto pela Subjetividade. Esta não é racional, é o eu: dialética do finito e infinito, eterno e temporal. Daí descreve os estágios da existência: estético, ético e religioso. E é na fé que o homem por um ato de paixão e não de razão encontra-se a si próprio.

Sobre o paradoxo: o maior paradoxo do pensamento consiste em querer descobrir algo que o próprio pensamento não consegue alcançar. "O paradoxo é a paixão do pensamento, e um pensador sem um paradoxo é como um amante sem paixão, um tipo medíocre." (1995, p. 61) O paradoxo consiste no impensável, para a razão é o absurdo.

Sobre o desespero: desespero é utilizado por Kierkegaard no sentido da verdadeira constituição da subjetividade humana, vai servir de alerta à ameaça do homem de perder a própria identidade, na tentativa de encontrar seu eu absoluto ou na tentativa de se tornar o eu inventado pelo impessoal. Trata-se do absurdo que consiste no paradoxo da existência humana. O absurdo consiste na aceitação da razão da condição do homem: a queda.

Sobre a queda: consiste no fato de que o homem está sempre em tentação por si mesmo e pelo mundo, na busca de resolução da situação paradoxal da existência humana.

2 - O Estágio Estético

Normalmente se descreve o estágio estético apenas pela obra *Diário de um Sedutor*, que se remete ao aspecto egoísta desse estágio, porém Kierkegaard em diferentes obras se refere à importância da vivência estética na existência humana. Em *O Matrimônio*, ressalta o crédito estético dessa relação como ponto essencial para mantê-la.

A ilusão do esteta consiste em se acreditar eterno ou crer que aquele momento se eterniza. Junto a isso acredita na juventude eterna e na dilatação do prazer. No entanto, como o instante só se eterniza na fé, o projeto do esteta fica fadado ao fracasso.

Kierkegaard se utiliza de um romance denominado *Diário de um Sedutor* para descrever a vivência do estágio estético em sua plenitude, em total exterioridade. Sem reflexão, Johannes funda o sentido de sua vida nas sensações sob o domínio do prazer. Em uma vivência de subjetivismo extremo e a vontade exercida no presente imediato, esse homem torna-se determinado pelos impulsos, pela indiferença ante o outro. Johannes, homem corrompido, seduz Cordélia com inúmeras estratégias. Sem a menor consideração ética não assume compromisso com seus atos, o pacto se dá com o estético. Descreve por intermédio do protagonista a etapa estética em sua frivolidade e com ausência de compromisso. A sedução é calculada, pode-se constatar em *Diário de um Sedutor* (p. 50): "Nada de impaciência, nada de voracidade, tudo gozarei atraindo lentamente. Ela é o que elegi, e sem dúvida a conquistarei". Neste trecho fica claro como Johannes toma Cordélia como se tratasse de um objeto de prazer que o atrai até mesmo no ato de conquistar. Mais tarde (p. 68), declara:

> Este ano, no entanto, não aumentei minha coleção de casos interessantes. Esta moça me mantém demasiadamente ocupado. Meus ganhos serão pequenos, mas me consolo por estar na pista do negócio do ano.

Na medida em que a busca do imediato eternizado fracassa, o esteta torna-se melancólico e aprisionado em um grande vazio. À procura do instante efêmero, que nunca se realiza, torna-se melancólico. Em desespero, abre-se a possibilidade que se dê o salto para o estágio posterior. Kierkegaard em *Diário de um Sedutor* (p. 71) relata seu temor pela monotonia: "Eu não temo nem as dificuldades cômicas nem as trágicas. As únicas que temos são as que vêm associadas ou se identificam com a tediosa monotonia".

A transparência no estágio estético relaciona-se com a satisfação, com as sensações, com a visão, na experiência imediata. Johannes, o sedutor, refere-se à transparência como uma qualidade designada às pessoas vistas como objetos. No diário, aparece no contexto em que o seduzido transparece ao sedutor em um cenário de manipulação do outro. Nessa obra, a transparência refere-se ao olhar, como que desejando saber sobre o outro e, então, manipulá-lo, tal como se manipulam os objetos. Utiliza esse termo com esse sentido quando Johannes articula toda sua conquista a Cordélia. O prazer não está presente apenas na conquista, mas em toda ação de articular, de desenvolver as táticas, a fim de influenciar e determinar os sentimentos de uma mulher, que ele escolhe como vítima, justamente pelas suas características de inocência e auto-estima.

Nessas características encontra o maior prazer em seduzir e em conduzi-la à direção desejada por ele.

Em *Ou bien... ou bien*, a angústia como um estado de existência é exemplificada pela pessoa de Nero. Um homem que desfruta todas as condições materiais. Nero é capaz de superar a sua relação com o temporal. Vive a angústia e o desespero. O problema é que ele não se torna capaz de enfrentar o desafio de abandonar sua posição autocentrada, não encontra o caminho para a maturidade espiritual. Por não assumir a sua existência, nem aceitar a sua temporalidade, acaba por colocar-se no mundo de modo destrutivo, carente de espiritualidade.

Na contemporaneidade, o estético se revela pela incessante busca do prazer, deliciando-se com o êxtase do dia-a-dia pela busca de novidade. Esse homem corre atrás do consumo de objetos e de sensações. Move-se pelos sentidos, deixa-se levar pelos impulsos que lhe dão prazer no imediato. A vida só tem importância no presente imediato. Vive o desejo incessante por perpetuar o prazer, a juventude, a vida. A falta de compromisso com o outro constitui-se no modo como se relaciona, já que o outro é tomado como uma coisa, relaciona-se com total indiferença pela existência do outro, anestesia-se perante a fome, a pobreza, enfim, a dor do outro. Afinal, junto ao outro o que funciona é a sedução para logo depois descartá-lo. Assim como se descartam o índio, o pobre, o velho, as crianças de rua, o estrangeiro. A lei que predomina no social é a da maior vantagem.

A vivência estética também é retratada na obra de Kafka com a protagonista Grete Samsa referindo-se à revolta com relação ao irmão Gregor, que se metamorfoseia em inseto, e por isso Samsa deseja a sua morte. Nesse romance, Kafka revela como hoje se banaliza a morte. Aponta, também, para o apogeu do individualismo pragmático, a indiferença diante do outro tornando-o coisa. Produz-se o efeito anestesiante diante da dor, da fome, da miséria do outro.

O capitalismo selvagem desvia o lugar dos templos religiosos para os shoppings, mantendo a mesma matéria com que se construíam os templos na idade média: o granito/mármore, as roupas mais arrumadas e até o fundo musical. Lá se vai consumir, e o homem busca o prazer no imediato: consumir para possuir, acumular, e assim obter mais *status*, ser admirado, seduzir.

Zygmunt Bauman descreve tal situação: a passagem do colecionador de coisas para o colecionador de sensações:

> Para os consumidores da sociedade de consumo, estar em movimento, procurar, buscar, encontrar ou, mais precisamente, não encontrar não é sinônimo de mal-estar, mas promessa de bem-aventurança, talvez a própria bem-aventurança. Seu tipo de viagem esperançosa faz da chegada uma maldição (...) não tanto a avidez de adquirir, de possuir, não o acúmulo de riqueza no seu sentido material, palpável, mas a excitação de uma sensação nova, ainda não experimentada, este é o jogo do consumidor. Os consumidores são primeiro e acima de tudo acumuladores de sensações, são colecionadores de coisas apenas num sentido secundário e derivativo.

O estético, por outro lado, consiste em uma condição favorável ao matrimônio. Kierkegaard (1994) afirma, referindo-se à importância da manutenção do sensível e da paixão no casamento: "Os que têm o sentido do amor romântico não se ocupam do matrimônio, e muitos matrimônios são realizados, infelizmente, sem esse profundo sentimento do erótico, que é por certo o que há de mais belo na existência do homem" (p. 29). O matrimônio mantém-se pelo estético e pressupondo o amor, porém deve comportar um momento ético e religioso, que consiste em fundar-se na resignação.

Kierkegaard (op. cit.) refere-se ao caráter erótico e religioso do matrimônio, ressaltando a importância da paixão:

> É a síntese da liberdade e da necessidade; o indivíduo sente-se atraído para o outro por uma força irresistível; porém encontra justamente nisso a sua liberdade. Esse amor é também síntese do geral e do particular, e contém a um e outro, se bem que dentro dos limites da sorte. E não tem todos esses caracteres como conseqüência da reflexão: tem-nos de uma maneira imediata (p. 44).

3 - O Estágio Ético

As obras éticas são denominadas por Kierkegaard como psicológicas. Há estudiosos desse pensador que chegam a afirmar que esses escritos são verdadeiras teorias psicológicas. Nessa etapa, Kierkegaard cria uma terminologia com significado muito próprio. Tais significados vão estar presentes em muitas teorias psicológicas da atualidade, em pensamentos filosóficos e na literatura.

Na reflexão reside a questão do psicológico, ao qual se chega por meio do refletir acerca de si mesmo: atos e escolhas, pois para se chegar ao religioso muitas pessoas primeiramente precisam do maior conhecimento de si mesmas. Esse estágio se caracteriza pelo movimento de exterioridade e interioridade, daí a indecisão, a dúvida, o temor das conseqüências, do imprevisível e do futuro. A angústia, o desespero, o temor aparecem com maior relevância nesse estágio.

No ético, o homem vive a ilusão de que pode alcançar a verdade absoluta, o perfeito, e daí não ter do que se arrepender. Quer a qualquer preço livrar-se da culpa e não ter do que se arrepender. Diz Kierkegaard tratar-se de um puro engodo, pois, qualquer que seja sua escolha, esse homem vai sempre ter do que se arrepender. Daí poder-se compreender a indecisão, a dúvida, o medo de arriscar-se e ter de pagar um preço muito alto pela sua ousadia, que inquieta a vivência no estágio ético.

A culpa, o arrependimento e o remorso consistem na fé daquele no qual predomina a vivência ética.

Pode-se entender a escolha de Adão diante da proibição de Deus, que se constitui em uma norma ética, lei natural, regra das regras que se impõe, como não refletida, uma vez que Adão desconhecia a sua natureza temporal. Diante dessa imposição Adão opta, apela à consciência, vivencia o paradoxo, a dúvida, decide. Nesse percurso constrói-se a si mesmo o que ele escolhe ser. No espaço de liberdade Adão faz sua opção sem transparência. Na vivência do estético escolhe o imediato, arrisca o novo e desconhecido, opta pela exterioridade. Ignora as conseqüências da proibição. Condenado a viver as conseqüências de sua escolha é julgado com o seguinte termo: "Por certo, morrerás". Não sabia do que se tratava, mas, como havia seguido o caminho proibido, intuía que algo de ruim lhe ocorreria e, por certo, morrer não se constituiria em um prêmio e sim em castigo. Vem a melancolia, aprisionado no grande vazio da incerteza do futuro. Adão dá o salto para vivenciar o ético. Com essas considerações penetra-se na categoria do ético. A situação, momento e instante que contêm em si a síntese do temporal e do eterno, que cada homem vive sem repetição, que o coloca em um ponto único, entregue, desamparado. Na qual sua decisão vai definir sua existência incondicionalmente.

Kierkegaard considera que suas obras que caracterizam o estágio ético são descrições psicológicas. Esses escritos contemplam a formação da personalidade no estágio ético. Afirma, ainda, a impossibilidade de se alcançar a fé sem uma vivência ética profunda e abrangente. Com essa afirmativa, deixa claro a importância que esse filósofo atribui aos estudos da psicologia. Na esfera do ético encontram-se alguns escritos de Kierkegaard, que serão apontados a seguir.

Em 1844, Kierkegaard publica *O Conceito de Angústia*, no qual investiga a temática do pecado. Afirma ainda que o pecado, uma vez que se caracteriza pela indefinição e pela constante modificação de acordo com a atmosfera que o rodeia, exige da ciência que pretende investigar tal temática clareza, delimitação, finalidade e limites, para que desse modo possa compreender o conjunto daquilo que investiga. Conhecendo seu lugar, sabendo de sua finalidade e limites, poderá uma determinada ciência harmonizar-se com a ciência como um todo.

A psicologia como matéria científica deve, então, definir e delimitar o que pretende estudar acerca do pecado. Afirma que cabe a essa área de estudo não o conteúdo do pecado, mas a sua possibilidade, já que é psicologicamente fora de contestação que a natureza do homem contém a possibilidade do pecado. Afirma, então, que a questão a ser investigada pela psicologia é a angústia diante da possibilidade do pecado.

Não deve, então, a psicologia tratar o pecado como objeto e sim como ato, dada a constante modificação que é própria do pecado. Ao homem é dada a possibilidade do pecado. Nesse aspecto, a psicologia ocupa-se da existência individual que se dá em movimento, saltos de estado para estado, e em cada estado existe uma esfera de possibilidades em igual proporção à angústia.

No ético, a carência de interioridade, pronunciada pela angústia, possibilita que se alcance a consciência do eu. Exercitar a consciência do eu consiste em uma atividade que se dá em um processo de compreensão e não em um processo mecânico. Quanto mais concreto o conteúdo da consciência, mais concreta se faz a compreensão e, desde que falte a consciência, tem-se o fenômeno da não-liberdade.

Afirma ainda, acerca da realidade, que esta tem sua morada no reino do ético. Com isso, pretende recuperar a importância do ético e ressaltar seu valor indiscutível para o indivíduo. Mostra toda sua preocupação com o desprezo que os sistemas abstratos davam às questões éticas. À medida que a realidade se modifica, tem-se de refletir nas decisões, a fim de que a ética jamais seja abandonada. Faz-se necessário ganhar transparência, abertura, alcançar a revelação do eu. No ético a transparência ruma à autenticidade, relaciona-se com a reflexão, em termos de responsabilidade pessoal. A palavra transparência é utilizada no sentido de uma qualidade do indivíduo. Muitas vezes Kierkegaard utiliza a palavra transparência no sentido de reflexão. Ao referir-se à transparência subjetiva remete-se à autenticidade das relações humanas.

Kierkegaard utiliza a palavra transparência, metaforicamente, para se referir ao autoconhecimento. Na transparência do ético se dá o desenvolvimento da consciência. No estágio ético-religioso a transparência se dá na relação do indivíduo com Deus.

O esteta de *Ou bien... ou bien* ao transparecer a si mesmo reconhece a culpa. Arrepende-se na medida em que toma à consciência de sua responsabilidade. Em *Estadios en el Camino de la Vida* a reflexão acerca da responsabilidade pessoal ao romper com o compromisso do matrimônio revela o estágio ético-religioso do protagonista. Aqui é a reflexão que o conduz à responsabilidade e faz transparecer a consciência. A reflexão ocorre direcionada para um ideal de infinito pela transparência de si mesmo e, assim, a passagem para o estágio ético-religioso, no qual o arrependimento e o perdão ocorrem ao se permitir transparecer a si mesmo. Quindam assume a responsabilidade pessoal por sua escolha, já que não assume uma visão predeterminista ou fatalista da vida.

Por fim, a transparência ética exige autoconhecimento. O indivíduo ético é transparente a si mesmo, daí reconhece a sua liberdade, responsabilidade, angústia e desespero.

Kierkegaard clarifica a descrição do eu que se perde no abstrato, em que a busca pelo eu no imaginário é perseguida por um homem jovem. O homem jovem é apegado pela idéia de viver como um Cristão e tenta obstinadamente perseguir esse ideal, apesar das dificuldades encontradas. Tenta relacionar-se ético-religiosamente com Deus, diariamente. Deus se constitui como um motivador eterno e é a meta desta existência humana.

Na contemporaneidade, a ética é exercitada pelas mães da Acari, no movimento dos sem-terra, mães e avós dos desaparecidos políticos na Argentina. Movimentos traçados pela revolta e solidariedade e não indiferença e individualismo.

No ético, está aquele que se dilacera pelos modos de subjetivação da modernidade e a capacidade de refletir a partir de uma consciência moral, que clama por ver, respeitar e considerar a existência do outro. Porém, em outro momento, ao acreditar que é conhecedor das verdades e dos melhores caminhos, acaba por julgar que aquele é o destino que o outro merece, e assim fica por algum tempo calmo e tranqüilo. O estágio ético se caracteriza pela mediação da exterioridade com a interioridade, o homem ético se dá conta que não é possível ignorar as exigências, as normas e convenções do externo. Aprisiona-se, no entanto, aos limites estabelecidos pelo social. Vivencia a dúvida, questiona-se sobre a verdade e a não-verdade. A dúvida e as obrigações a que ele próprio se condena tornam a vivência desse estágio fatigante e a grande angústia, enquanto ambigüidade, se dá entre o prazer e o dever.

O ético também pode ser observado no sentido da técnica moderna, que consistia em buscar a segurança universal, um caminho certo e seguro. A partir de um discurso exato, em que predomina o princípio de identidade e a idealização matemática, o método torna-se mais importante em toda e qualquer investigação do que o tema a ser investigado.

Na relação pais e filhos, o ético invadido pela culpa, lutando para não ter do que se arrepender, parece tornar difícil não se deixar levar, esquecer-se de si próprio, e conduzir-se pelo modismo, consumismo, enfim, pelo que a mundanidade determina. O modo como os pais passam a organizar toda a educação de nossos filhos. Inteligentes e bem-sucedidos serão aqueles que sabiam bem matemática, ciência. A arte, a filosofia, enfim, estão destinadas àqueles que chamamos de "vagabundos", uma vez que não produziam no sentido moderno. Nossos filhos também se constituem como recurso natural, dos quais devemos extrair todos os seus recursos para a produção. E assim serão bem-sucedidos e os pais éticos não terão do que se arrepender.

Hoje parece que muitos de nós compartilham a crença de que o valor não está mais no saber, pensar. O valor reside no ganhar dinheiro de maneira "fácil". Os sonhos de realização dos nossos filhos mudaram, quem sabe é melhor que sejam jogadores de futebol, modelos. Melhor porque terão mais poder de consumo.

Na ética, o pecado é tratado de forma a postular que é possível se viver sem pecado. Isso não é possível pelo fato de esta pretender "o ideal no real, porém se mostra incapaz do movimento inverso, elevar o real até o ideal. A ética põe como fim o ideal, no prejuízo de que o homem tem meios para o alcançar, porém, exatamente porque salienta a dificuldade e a impossibilidade desse encontro, cria no seu proposto a contradição".

4 - O Estágio Religioso

Para chegar ao religioso é necessário que se reflita na esfera do psicológico, a fim de atingir a transparência, o autoconhecimento. No entanto, o salto para a fé se dá na paixão. Para Kierkegaard, a razão e a fé entram em choque, portanto não é possível chegar à fé por meio da razão. Acredita que esse foi um dos equívocos de Descartes, chegar à existência de Deus pela demonstração, argumentando pelo fato de pensar. Para Kierkegaard, Deus jamais poderá ser produto da razão. Essas mesmas considerações serão dirigidas ao modo racional como Hegel e Schleiermacher entendem a fé. Afirma ainda que desse modo a fé acaba recaindo na crítica de Feuerbach: "Não foi Deus quem fez o homem à sua imagem e semelhança, mas sim foi o homem quem fez Deus como sua imagem e semelhança". Kierkegaard retoma então a fé como algo que se dá no paradoxo, situação inaceitável pela via da razão.

A ilusão na fé se dissipa, pois aí se dá a transparência plena. Sob o signo da fé, o religioso conhece a sua condição mais própria: sua temporalidade. Ao reconhecer-se na sua condição de mortal, e aceitá-la, torna-se eterno. Na fé o religioso, não mais preso ao seu eu, mas ao nós, transparece a si mesmo, e ao olhar para si ou para o mundo vê o Divino.

No estágio religioso ocorre a transparência infinita e absoluta, que só é possível na fé, na qual o infinito é interior. Diferentemente dos gregos, em que a busca do eterno se dava pelo movimento da razão, da idéia, do pensamento. Nos gregos, o autoconhecimento se dava pela transcendência, e consistia em abstração. Em Kierkegaard, ocorre em uma tentativa existencial concreta, na qual se assume um estilo de vida que se relaciona com o eterno. Pode-se encontrar tal estilo na vivência poética. Afirma que viver poeticamente é viver infinitamente, e assim não se afiança o prazer e, sim, a serenidade.

Na fé, na relação consigo mesmo, o religioso volta-se para si próprio, se reconhece em liberdade. O futuro não o angustia, não o amedronta, nenhum medo lhe infunde, já que em si mesmo é liberdade. Com força igual à que o induz a descobrir a liberdade, apodera-se dele a angústia, no estado do possível. Não teme nada, apenas a culpa, porque apenas a culpa pode privá-lo da liberdade.

A culpa como arrependimento não pode anular o pecado, limita-se a provocar a tristeza com a sua presença. A angústia pode chegar ao ponto máximo quando o arrependimento transforma-se em remorso. No remorso perde-se a razão, e a angústia é vivenciada como remorso.

Kierkegaard relaciona à fé a angústia, e não a culpa como remorso: "A única coisa que realmente pode desarmar os sofismas do remorso é a fé, a ousadia de crer que a nossa condição mesma é um novo pecado, a ousadia de renunciar sem angústia a angústia – e isso apenas o pode a fé, sem que, contudo, elimine a angústia; sempre jovem, a fé vai desvencilhando-se sem cessar dos horrores da angústia. Aí está o que apenas a fé pode fazer; pois apenas na fé para todo o sempre fica e é a todo momento possível a síntese."

Para Kierkegaard, seria impossível alcançar a fé pela razão. Teceu várias críticas àqueles que assim procederam. Kierkegaard se inclina em admitir uma ontologia dualista em que o ser do homem se acha separado do ser do mundo. Para obter a união é necessário realizar um movimento místico: a fé une o que nasce separado. Aquele que não consegue a unidade resigna-se, mas não se supera.

Torna assim inteligível o paradoxo da fé. "O paradoxo se transforma pela fé em ato finito – claramente humano, possível..." "Num belo dia a morte chega e, de repente, o homem torna-se imortal." Esse percurso é exatamente o de Kierkegaard na investigação do drama da existência. E, na sua vida, vai buscar o estágio da fé, a mais radical união com Deus. Sabe, porém, que o sentido da vida está intimamente relacionado com a presença divina e que ao divino não se chega pela reflexão, mas pela revelação.

Para Kierkegaard, o cavaleiro da fé não sente pena de si nem se lamenta de sua vida, "saboreia o finito com tão pleno prazer como se nada tivesse conhecido de melhor". Não se resigna, vivencia a fé de forma autêntica, plena.

> Abraão, herói da fé, constitui epígono singular. Ao viver sua vida na totalidade, como patriarca e pastor, vulgar como o mais vulgar dos homens, ele crê, com infinita firmeza, em Deus. Não treme nem teme – pelo menos exteriormente. Cumpre sem discutir a ordem divina: parte para Morija, com a faca do sacrifício e o filho da espera, Isaac. Não sabe se o recupera. Abraão não sabe, crê. Não vive o drama trágico porque se resignou e aceitou seguidamente o paradoxo da fé. O velho patriarca não se perturba com a razão, com as causas e com os efeitos, não lhe pede o espírito dramático interrogação sobre o sentido do enigma divino (*Temor e Tremor*).

Ainda Alberto Ferreira diz que em *Temor e Tremor* Kierkegaard se esforça para tornar inteligível o paradoxo da fé.

> É indispensável, pretende ele, compreender que o paradoxo se transforma pela fé, em ato definitivo, claramente humano possível – se principiarmos por esperar que o impossível se alcança pelo absurdo da esperança. Para chegar à fé é preciso realizar o movimento de resignação infinita.

Era livre para escolher, portanto vivenciava a angústia e, no desespero, o desejar ele próprio morrer se transformava cada vez mais em viver, teria de decidir. Abraão decidiu seguir a lei de Deus e não teve o mesmo destino que Adão, pois se tornou imortal pela fé e pela mesma fé seu filho foi salvo do sacrifício.

Há quem questione se a atitude de Abraão não teria o mesmo caráter das atitudes dos fanáticos religiosos que não permitem que seus filhos doentes recebam sangue, por considerarem esta situação pecaminosa. Estudiosos da obra de Kierkegaard consideram essa questão como de difícil resposta. Já que em ambos os casos o sacrifício do filho consiste em uma atitude de fé. No primeiro caso, pode-se perguntar: haveria Abraão ouvido a palavra de Deus ou tratava-se de uma alucinação auditiva?

Alguns religiosos apontam a diferença para o fato de que o contexto da situação de Abraão é teocêntrica e a do fanático ou do alucinado ou delirante é antropocêntrica. Abraão tem como referência Deus, sem preocupação com o fato de ele próprio ser castigado caso não obedeça à ordem divina. Ele também não é o centro de referência na sua audição. Sua ação se dá em prol de uma comunidade. Abraão não duvida.

Pode-se observar a diferença do diálogo que Abrão trava com Deus com aquele que é estabelecido com quem delira ou alucina, através de um trecho de um diálogo psicoterapêutico:

A – E então Bernardo, o que você tem a me contar?

B – Não sei bem o que falar, tenho medo que você pense que eu estou maluco. Minha mãe já me falou que as pessoas podem pensar de mim algo que não sou. Se eu contar as coisas que estão acontecendo comigo, você pode não acreditar e até pensar que eu sou maluco. Eu quero que você saiba que maluco eu não sou. Não sou mesmo. As coisas que estão acontecendo comigo não são dessa ordem. Também não sei se você vai conseguir entender. Mas não sou maluco.

A – Você não gostaria que as pessoas pensassem de você algo que você não é.

B – É. Isso mesmo. Não acho legal as pessoas pensarem isso de mim. Só porque sou mais sensível.

A – O que está acontecendo que pode levar as pessoas a pensarem que você é maluco?

Continua **B**: É o seguinte, eu estava vendo televisão, é... eu vi uma luz, e essa luz invadiu o meu coração. Depois que invadiu eu mudei, eu mudei... eu me tornei... eu era uma pessoa má, drogada, viciada. Fiquei uma pessoa boa. Jesus tocou o meu coração.

Comentários: O discurso parece se dar no imaginário. Era preciso buscar mais informações sobre o que realmente tinha acontecido. Perguntei:

A – De onde vinha essa luz?

B – Vinha da televisão.

Comentários: Objetivamente a televisão reflete luz, continuei a inquirir:

A – E o que mais vinha da televisão?

B – As vozes.

A – Vozes?

B – É, televisão tem vozes, não tem?

A – Tem vozes?

B – As vozes da televisão.

Comentários: A impressão que tive era a de que Bernardo havia me passado uma informação ambígua. Supus que ele não confiava ainda em mim para poder falar claramente o que estava vivendo. Tinha medo que eu também o rotulasse como maluco. Pensando rapidamente nisso, resolvi, por meio de uma metáfora, ir aonde Bernardo se encontrava. Tentei mostrar-lhe também que você pode vivenciar fenômenos que necessariamente não são maluquices.

A – Interessante. Falando isso você me lembra a história de Paulo de Tarso.

B (ficou perplexo) – Isso está na Bíblia?

Respondi: – Está.

B – (Ficou em silêncio por algum tempo) Para você eu posso contar a verdade. Não foi só Jesus quem tocou meu coração. Na verdade, eu sou Jesus Cristo. Está na Bíblia, quando começarem a existir falsos pregadores, que dizem que trazem as palavras de Deus aos homens, Jesus retornará à Terra. Eu retornei, chegou o momento. Retornei para trazer o bem e derrubar o mal. As pessoas na televisão dizem em coro: "Você vai vencer o mal e trazer o bem".

Comentários: Diz Kierkegaard em *Mi Punto de Vista*: "Se você quiser ajudar o outro, deve se dirigir para onde o outro está. Só assim poderá ajudá-lo". Afirma também que muitas vezes o poético é capaz de levar o homem a compreender o seu sentido, e quando a aproximação se torna difícil, deve-se recorrer às metáforas. Assim foi como eu procedi nesse momento, e dessa forma estabelecemos o vínculo, e pôde mostrar-se a mim tal como ele se encontrava, sem preocupar-se se eu iria rotulá-lo de maluco.

Continua **B**: Do lado da minha cama tenho um dicionário, aquele *Aurélio*, de manhã abro o dicionário e vejo, leio trechos da Bíblia. Só contei isso à minha mãe, a meu pai e à minha empregada. Senão vão pensar que eu sou maluco. Quando tento falar com meus amigos, eles não entendem nada. Não estão preparados. Tenho que encontrar meus discípulos, aqueles que podem me seguir. Para você eu falo porque você pode me entender. Você é religiosa?

Respondi: – Sou.

B – Então é fácil você me entender.

Comentários: B fala compulsivamente, gesticula, levanta para me mostrar como acontece aquilo que relata. Bastante agitado e mostrando-se eufórico com suas descobertas. Um dia após a sessão, a mãe me procura por telefone, estava bastante preocupada, pois achava que o filho havia piorado. Disse que agora ele dizia que as pessoas o invejavam pelo seu destino. Estava desconfiado das pessoas a sua volta. Conversei com a mãe sobre o estado de B. E avisei-lhe que seu estado inspirava cuidados. Esta me pergunta se não era o momento de encaminhá-lo ao psiquiatra. Respondi:

A – Por um lado sim, uma vez que a situação era grave, por outro lado não, uma vez que ele confiara em mim e, também, porque talvez ele fosse medicado com drogas. E que eu não sabia como ele reagiria a isso. Questionava se nesse momento tal indicação procedia. Mesmo que para o senso comum o psiquiatra é médico de "maluco", caso eu fizesse tal indicação, ele poderia entender que eu também o estava denominando assim. E, então, não haveria mais possibilidade de estabelecermos o vínculo terapêutico. Pedi que ficássemos atentos a B, e que me dessem mais um tempo, a fim de que não rompêssemos uma relação que havia acabado de se estabelecer. Fiquei à disposição da família para qualquer eventualidade, deixando meus telefones de casa e o celular, e deixei de sobreaviso um psiquiatra com o qual trabalho em conjunto, para qualquer evento inesperado. A mãe concordou, porque ele havia gostado muito de ter estado comigo. Disse que Bernardo havia comentado em casa que se sentira compreendido. No dia seguinte tive meu segundo encontro com Bernardo. Ele iniciou a sessão mostrando-me todos os seus desenhos e todos os seus escritos.

B – Trouxe tudo que eu desenhei e escrevi. São teses minhas, vou registrá-las para ninguém roubá-las de mim. À minha amiga Marta, eu mostrei para ela. Ela disse que eu tenho que tomar cuidado senão vão roubar minhas idéias.

Comentários: Inicio um estudo mais atento das questões trazidas por Bernardo. A hora passava e ele continuava a me mostrar seus desenhos e seus escritos. Olhei o relógio para saber quanto tempo ainda restava e, imediatamente, ele me disse:

B – Estou chateando você com minha tese. Falo muito e você ficou enjoada de me ouvir, não é?

Comentários: Acredito que ele tenha falado isso, porque percebeu que olhei o relógio e entendeu que eu queria que a hora passasse.

A – Não, não me chateia o que você me fala.

B – Eu não vou mais deixar você gravar, tenho medo que você roube a minha tese.

A – Ok, então eu não vou gravar. Só quando você deixar. Desligo o gravador agora?

B – (Não responde)

B – Eu sempre tenho a impressão, não a certeza, que o que eu sinto posso passar para outra pessoa. Às vezes chego a acordar meu irmão. Penso que o que ele está sonhando, eu sinto, fico nervoso, aí tenho de acordá-lo para me aliviar. Acho que estou passando agora o que sinto para você. A briga entre o bem e o mal. Vou falar lá no NA do auto-engano.

Comentários: Falo de sua ansiedade, desse sofrimento diante de sua vulnerabilidade no pensamento e sentimento do outro. Tento introduzir a necessidade de procurar um médico para alívio de tal ansiedade. Ele responde:

B – Nem pensar, droga nunca mais. Não vou tomar remédio, eu pouco a pouco vou dando conta dessa ansiedade. Vou te mostrar as minhas teses. Começa a ler os seus escritos, depois de organizá-los rigidamente, durante alguns minutos.

B – "Como foi que surgiu o bem e o mal: existe Deus e existe o Diabo. Deus é do bem e o Diabo é do mal. Se existe Deus e ele é o todo-poderoso e é devir, porque ele não acaba com o mal. Então existe o risco de o mal vencer o bem." Nesse momento inclina-se sobre o abdome e diz:

B – "Ai que dor, dói muito, ai, o mal não pode vencer o bem." (Repete essa frase muitas vezes.)

Comentários: Somatiza a dor psíquica, vive o desespero. Continua:

B – "Não, isso é dialético: o bem e o mal. Existe o mal, para que o bem possa se expandir. O bem não vence o mal porque precisa se expandir. Como a Terra que está em expansão. Deus também está em expansão." O auto-engano é obra do Diabo. Mas o bem pode vencer.

Conclui no momento:

B – Será que Deus é o universo? Ah! Descobri, Deus é o universo, vou escrever aqui. Deus e o universo são uma coisa só.

Comentários: O psicoterapeuta deve buscar o sentido naquilo que na sua vivência parece o caos. Qual é a ordem, o sentido que Bernardo imprime a essa vivência. Mostro-me compreensiva e digo:

A – Agora você está pensando, questionando se Deus e o universo são a mesma coisa.

B – Vou escrever sobre isso e trazer da próxima vez. Já ia esquecendo, ontem eu fui ao NA, foi legal. Ajudei as pessoas, fiz o bem. Estou fedendo. (Pega o desodorante, coloca nas axilas.) Não gosto de ficar com mal-cheiro. Você está sentindo?

Todos só falavam do mal, se vangloriando, contando vantagens. De quando subiam o morro, eram viciados, cheiravam até cair. Eu me virei e disse: "Vocês só falam do mal, vamos falar do bem, de como é a vida agora sem droga, de como a família vai bem, de que não passam mal". Quando acabou, o coordenador me elogiou, disse que eu consegui dar uma virada, que eu era necessário ao grupo. Gostei de ouvir isso. Estou fedendo? Está incomodando você? Não gosto de fazer mal às pessoas.

Comentários: A sua imaginação de fazer o bem traduziu-se nessa situação na ação e o sentimento foi de realização. Falei-lhe:

A – Parece que você conseguiu fazer o bem sendo apenas Bernardo, você mesmo.

B – É, foi legal. Não gosto de prejudicar ninguém, não quero que roubem a minha tese. É muito original. Nunca ninguém teve a mesma idéia. É só minha.

Terminada a sessão, comuniquei a Bernardo que iria marcar encontros com a mãe, o pai e a família. Ele concordou, disse que era bom, para eles ficarem mais tranqüilos.

B – Eles ficam muito preocupados. Também não entendem essas coisas. Acho bom você poder acalmá-los. Você está entendendo as coisas melhor do que eles entendem. Acho que você também vai poder ajudar. Bernardo faltou à terceira sessão. Preocupada com seu estado, telefonei para a sua casa a fim de obter notícias. B. atendeu ao telefone. Perguntei se era B. quem estava falando. Respondeu que sim e me identifiquei. Ele logo se justificou, dizendo que tentou me avisar que não iria à sessão em razão de ter ensaio no teatro.

Remarcamos a sessão para o dia seguinte. Após ter desligado o telefone, pensei sobre o ensaio e me questionei sobre o papel que ele estava representando. Preocupei-me se o estado que ele me havia mostrado até então, seus gestos, sua movimentação, enfim, tudo, será que tinha algo de representação?

Na terceira sessão B. chegou justificando sua falta, por causa do ensaio. Aproveitei o ensejo e lhe perguntei:

B – Ah! Antes quero falar para você que pode gravar. Eu não me importo.

A – Ok.

A – Qual o papel que você está representando?

B – Soldado de Cristo.

A – Ah, a peça trata da Paixão de Cristo.

Estávamos na semana da Páscoa.

B (Ficou com o olhar parado, parecendo refletir sobre algo.) – Agora que você falou da Paixão de Cristo, pensei, que coincidência. Estar representando algo relacionado com Cristo. Sou do bem. Por isso represento o bem (silêncio). Estou surpreso, você sacou algo que eu não tinha sacado. Estou com Cristo, mas eu sou Cristo.

A – Hum, hum.

B – Estava me sentindo meio desanimado. Que dia foi ontem? Segunda-feira? Eu dormi quase o dia inteiro. Não gosto de me sentir assim. Fico desanimado porque as coisas demoram a acontecer.

A – As coisas demoram a acontecer?

B – Estou, parece, sem aquela luz.

A – Hum, hum.

B – Fui a uma festa neste final de semana, mas não gostei. As pessoas avançavam na bebida, sei lá, eram... eram mal-educados. A dona da festa tinha que ir protegendo o garçom para a cerveja chegar aos convidados. Eu peguei um copo de vinho, mas aí uma garota me pediu um pouco e aí eu passei para ela, ela bebeu tudo, mas eu não liguei. Não bebi mais. Não deu vontade. Fui ver a valsa.

Fui para outra festa, antes pedi no bar uma cerveja, bebi um gole e não quis beber mais, sei lá, tinha umas pessoas me olhando, tinha um cara lá que eu reconheci do NA, ficou olhando para mim. Eu dei então a cerveja para o meu amigo, não bebi mais.

Fui para a festa, vi as pessoas dançando, estavam dançando de uma forma estranha, que eu nunca tinha visto. Aí me deu uma vontade de dançar. Dancei muito. Eu gosto de dançar. Todos pararam e ficaram olhando. A forma como eu fazia com as pernas. Eu danço bem. Tentaram me imitar. Foi legal. Eu dancei e ensinei todo mundo. Ficou todo mundo na festa me imitando.

A – Dá para se divertir mesmo sem beber.

B – Estou menos ansioso, não estou?

A – Parece que sim.

B – Fico pensando em pintar, quero ser reconhecido. Como a gente faz para isso? É expor numa galeria? Quero ganhar muito dinheiro, só assim a gente é reconhecido. Ser um ator famoso, ganhar muito dinheiro, só assim posso ajudar muita gente.

A – Que coisas, B., demoram a acontecer?

B – Mudar de casa, pintar meu quarto... Ser reconhecido, ter discípulos, demora a acontecer. Quero logo ajudar os outros. Passar minha tese.

A – Você quer que isso logo aconteça?

B – Preciso de espaço para criar, pintar, escrever, meu quarto é junto com meu irmão, às vezes não dá.

Saí com meus amigos, todos fumaram maconha, eu fiquei com eles e não fumei. Ri, conversei, mostrei para eles que posso ter prazer sem fumar. Mas sei que esse é o meu tempo, não é o tempo deles. Eles ainda precisam fumar. Auto-engano, é isso que eles precisam saber. Auto-engano, auto-engano.

Todos os psicólogos que eu fui até hoje disseram que eu tinha que me afastar dos meus amigos, eu não concordo com isso. Gosto deles, eles me respeitam. Posso ficar com eles e não fumar. Posso até ajudar eles. Os psicólogos dizem que não. Eu não concordo. Não quero abandonar meus amigos.

A – Seus amigos são importantes para você.

B – Sabe, quando você falou da Paixão de Cristo me senti bem. Estava preocupado com a luz que se apagou dentro de mim. Agora estou pensando que, representando um soldado de Cristo, posso estar passando o bem para todas aquelas pessoas que estão assistindo. Até para os atores. Estou fazendo o bem.

A – Mesmo não sentindo a luz dentro de você, parece que você se percebe ajudando seus amigos, as pessoas que estão assistindo e até os atores.

B – É, o bem. Auto-engano causa o mal.

A – Parece que está presente o B. do bem.

B – O B. do mal também. Porque o mal que há em mim é que faz o bem se expandir.

Sabe, gosto de tocar gaita. Meu tio me ensinou. Não, ele me deu uma gaita. Eu toquei agora neste final de semana que passei com ele. Ele não falou nada, mas ficou me olhando, assim, assim... Olhava, ficava vendo eu tocar, mostrava que estava gostando.

A – Ficou admirando você?

B – É isso mesmo. Viu que eu estou tocando bem. Ele me admirou.

A – Parece que você está colocando para fora a sua veia artística: tocando gaita, pintando, escrevendo, representando.

B – Será? Tomara que seja verdade. Estou desde a semana passada sem escrever. Não peguei mais a minha tese. Estou desanimado. Não gosto. Durmo o dia todo. Também não gosto. Tenho medo de prejudicar meu irmão, de passar meus sentimentos para ele.

A – E ficar sem escrever o preocupa.

B – É, será que não vou escrever mais?

A – E o grupo do NA, você voltou?

B – Não tive tempo por causa dos ensaios. Também com todo esse desânimo. Durmo e não faço o bem. Abandonei meus desenhos, minhas pinturas. Não estou fazendo minha tese. Isso é ruim, é do mal.

Eu estava olhando uma menina com a mãe, tão esquisito, e dei graças a Deus pela mãe que eu tenho. Pela minha família. A mãe era grossa com a menina, minha mãe é atenciosa, ajuda, compreende.

A – E o seu pai?

B (Ri.) – Meu pai? Ele é um cara legal, mas ainda não sabe lidar comigo. Ficava com raiva quando eu usava droga e agora fica sem jeito para me agradar.

Ele diz para mim que eu sou Nostradamus, que eu adivinho as coisas. Ele quer me agradar, me tratar diferente, mas ainda é desajeitado. Com o tempo ele aprende. Ele é um cara legal. Você ligou para mim no dia em que faltei, porque minha mãe mandou, não foi?

A – Não, eu fiquei preocupada com a sua falta.

B – Sabe, eu sei quando as pessoas mentem para mim. A minha mãe pediu para a empregada ouvir tudo com atenção o que eu estivesse falando. Eu não sabia disso, mas eu vi que ela estava ouvindo diferente. Quando falei isso para a minha mãe, ai ela me contou o que pediu para a empregada.

A – Eu não falei com a sua mãe ainda, talvez eu hoje fale com ela. Você sabe que horas eu posso encontrá-la?

B – Depois das 7 horas da noite ela está em casa.

A – Ok, terminamos a sessão.

Conclusão

Lodge refere-se à escolha da peregrinação a Santiago de Compostela como um ato existencial de autodefinição. A partir dos três estágios da existência, de acordo com Kierkegaard: o estético, o ético e o religioso, Lodge conclui que havia três tipos de peregrinos correspondendo a todos esses três estágios: "O tipo estético estava preocupado com o divertimento, deliciando-se com os prazeres pitorescos e culturais do caminho; o tipo ético via a peregrinação como um desafio à sua capacidade de resistência e à autodisciplina." Esse tipo tem uma noção exata do que é o comportamento correto de um peregrino e é muito competitivo com relação aos outros na estrada; o peregrino religioso, que Kierkegaard denomina pelo absurdo: "Se fosse inteiramente racional, não haveria mérito em se ter fé".

Lodge descreve os estágios da vida, a partir de sua compreensão de Kierkegaard, da seguinte forma: o peregrino estético não finge ser um peregrino de verdade, nem sequer questiona acerca do que é um peregrino, vive o prazer da diversão, a maioria formada por jovens que caminham sob o pretexto de peregrinação, mas que na verdade livram-se da tutela dos pais e então fazem contatos com outros jovens para os quais tudo aquilo não passa de uma grande diversão. Casais e amigos em pares com interesse em caminhadas ou na história da Espanha ou na arquitetura romanesca. Outros ainda aproveitam as facilidades que são dadas aos peregrinos. O peregrino ético está sempre se questionando se é ou não um peregrino verdadeiro. O peregrino verdadeiro simplesmente caminha.

Para Kierkegaard, a passagem dos estágios da existência constituem-se como "um salto no absurdo". Opõe-se a Hegel que acredita que para se atingir o absoluto faz-se necessário o processo contínuo por meio da razão. Alberto Ferreira conclui acerca do absurdo da fé: "Se assim é, não há mediação possível entre a existência e o espírito absoluto". De onde a existência comportar, em cada estádio da vida, a dúvida e o desespero, haverá acaso possibilidade de resolver a dúvida pela reflexão?

Kierkegaard responde que pelo ponto de vista da fé religiosa não se atinge a verdade pela reflexão e diz: "Não conheci a imediatidade, portanto segundo um ponto de vista estritamente humano não vivi... sou reflexão do começo ao fim." (...) "Porém, em outro sentido, refletir é procurar compreender o paradoxo da existência que consiste em cumprir sem compreender o secreto movimento do espírito absoluto." (...) "Só conheço a verdade quando ela advém em mim." (...) "Existir, pois, é já, e em si próprio, descoberta do ser da verdade, e este não se alcança pelo pensamento, o qual, enquanto mediação, abstrai do compósito que se vive, desse modo, afasta-se do próprio cerne onde a verdade corre e nos percorre."

As referências acerca dos estádios da existência só estão esclarecidos nos *post-scripta* de Kierkegaard, quando este quer se fazer entender com relação a sua verdadeira intenção. O grande projeto de sua vida foi ajudar o homem a desfazer os laços da ilusão – acreditar que se é o que em ato não se é.

Questiona-se até que ponto os estádios no caminho da vida não se referiam à própria vida do filósofo. Pode-se arriscar dizer que Kierkegaard viveu o estético na sua relação de amor por Regina, que a princípio foi de gozo, sua paixão de escritor, seu gosto pela retórica. O ético foi vivido com o seu compromisso de matrimônio, de escritor, de homem da igreja. O religioso foi o estágio que Kierkegaard queria alcançar, mas que ele próprio reconhece não ter atingido, embora admita que sempre foi um escritor religioso.

Ao perseguir uma existência religiosa, Kierkegaard assume a sua infelicidade pelo desentendimento entre sua alma e seu corpo, uma ausência de unidade que provoca sofrimento e dor. Afirma em declaração ao jornal: "Sou um ser permanentemente enclausurado, desde a mais tenra idade, num sofrimento que atinge os limites da loucura e que deve provir de um certo mal – entendido entre a minha alma e o meu corpo".

Algumas críticas são dirigidas a esse filósofo com relação ao modo como se direciona para a subjetividade, para o indivíduo, ao eu, ao si mesmo. Perguntam se não há nessa ênfase uma defesa ao individualismo, um excesso de psicologização, enfim, um abandono das categorias sociocomunitárias. Questiona-se, ainda, se essa ênfase na autocompreensão não recai num situacionismo ético.

A supremacia do indivíduo e o apreço pelo comunitário estão juntos nas considerações de Kierkegaard. Este proclama um alerta com relação ao advento do homem-massa, avisa sobre o perigo do anonimato, e do grande risco de o homem se tornar um eterno zero. Adverte para o processo de despersonalização da sociedade contemporânea pelos abusos da razão objetiva que, limitando os direitos do indivíduo, valorizam a razão positiva e a razão técnica.

Pensar o existir humano foi a grande tópica da obra de Sören Aabye Kierkegaard. Com seu modo de ser reacionário, opôs-se à ordem externa vigente em sua época, tornou-se um solitário, porém não se perdeu no impessoal. A maior luta do filósofo dinamarquês se deu no sentido de alertar o homem a se tornar um "eterno zero", "mais uma ovelha no rebanho". Enfim, deixar-se levar pelos ditames do social, afastando-se ou mesmo esquecendo-se de sua saída por meio da singularidade.

Heidegger, em *Questions III et IV*, no capítulo que versa sobre serenidade, aborda duas modalidades do pensamento humano: calculante e meditante. Alerta para o perigo a que a humanidade se expõe, quando se volta totalmente para o pensamento que calcula e esquece-se do pensamento que medita.

Esse filósofo refere-se ao abandono do pensamento meditante, característico da modernidade, como falta de pensamento. Diz que no pensamento calculante, o homem acredita na razão como perfeição, considerando-se sagaz e proficiente e ainda que, por meio de seus cálculos, possa prever e controlar tudo a sua volta. Quando essa forma de pensar predomina, dão-se as objeções com relação ao meditar, que passa a ser considerado como superficial e, portanto, não dá conta da realidade, e, ainda, que não tem nenhuma utilidade de caráter prático. Por se tratar de um pensamento espontâneo, faz-se pequeno diante do pensamento que calcula.

Heidegger, no entanto, descreve o pensamento meditante como algo que se dá mediante um grande esforço, requer sempre horas a fio e engajamento às questões em que se pensa. Exige, também, que, ao pensar dessa forma, o homem se debruce sobre aquilo que lhe é mais próximo e, como tal, passível de esquecimento. Nesse modo de pensar faz-se necessário que o homem não se fixe apenas em um só aspecto das coisas, que não se aprisione a uma representação ou apenas a um ponto de vista. Meditar implica parar diante das coisas e pensá-las, principalmente quando, no primeiro momento, até parecerem ser inconciliáveis.

Esse pensamento de Heidegger já se fazia presente em Kierkegaard, quando convidava o homem à reflexão, vislumbrava a possibilidade de proclamar o grito de alerta, de fazer emergir a singularidade, de viver na consciência de si mesmo e não deixar-se perder na ilusão, estimulada pela publicidade. Esses foram os grandes legados desse filósofo à Psicologia. Ciência à qual, segundo Kierkegaard, cabe ater-se ao estudo das duas condições próprias do existir humano: a angústia e o desespero, com as quais pode o homem emergir em sua singularidade para, dessa forma, não se perder no geral.

São inúmeras as previsões para o futuro, a tão falada pós-modernidade. E outra vez corremos o risco de nos adaptar àquilo que o mundo externo nos ensina e nos esquecermos de nós mesmos. Desde o início dos tempos, o homem sempre se constituiu na relação que estabelece com o mundo e na relação que estabelece consigo próprio. Assim, está sempre correndo o risco de perder-se no mundo ou perder-se em si mesmo.

Na maioria das vezes, o homem se perde no mundo, esquece-se de si mesmo e acaba se tornando mais um. Mais um, já que o seu querer, o seu pensar e o seu fazer é aquilo que o mundo determina que deve ser. Esquece das suas possibilidades de ser e acaba sendo o que se diz que deve ser.

Existir implica sempre a incerteza do futuro imediato, do desconhecido. Na tentativa de negar a realidade tal como ela é, o homem pode tender a acreditar que ele é especial, que tudo pode controlar, enfim, que não está lançado no mundo como todos os outro homens. Porém, no fundo, sabe que tais certezas não são verdadeiras. Conhecendo os paradoxos que encerram a existência humana, esse homem se desespera. Eis o que verdadeiramente faz o homem humano.

Com a crença na incerteza do destino de cada um dos homens na terra, na incerteza da verdade do amanhã, como vão proceder os especialistas, conhecedores da verdade, que preparam o adulto feliz e o futuro bem-sucedido? Sem lugar para respostas exatas, reducionismos e verdades inquestionáveis. Acreditando na existência como eterno movimento paradoxal, não há lugar para estereotipias nem para critérios rígidos.

Aranguren (Kierkegaard, 1993) lembra que se considera a Marx, Nietzsche e Freud como aqueles que põem em dúvida as seguranças propostas pela modernidade. Há nisso uma tremenda injustiça ou esquecimento daquele que deu início a tais questionamentos: Sören Kierkegaard.

Cabe aqui perguntar: se o idioma dinamarquês fosse mais conhecido mundialmente e as obras de Kierkegaard fossem mais lidas, esse escritor não teria recebido o título de criador de uma psicologia profunda? Não há dúvida que Kierkegaard, ao descrever o estágio ético-religioso por meio de suas obras, que ele mesmo denominou de psicológicas, e ao conceber os personagens de seus romances, explorando seus sentimentos, pensamentos e atitudes, acabou por estabelecer uma psicologia dinâmica e traçar os rumos de uma proposta psicoterapêutica.

Referências Bibliográficas

BAUMAN, Z. *O Mal-estar da Pós-modernidade*. Rio de Janeiro: Jorge Zahar, 1998.

HEIDEGGER, M. *Questions III et IV*. Paris: Gallimard, 1959. Serénité. p. 131-182.

_____. *Essais et Conférences*. Paris: Gallimard, 1958. Cap.I: La question de la technique. p. 09-49.

KAFKA, H. *Metamorfose*. Lisboa: Publicações Europa – América, s.d.

KIERKEGAARD, S. A. *O Conceito de Angústia*. São Paulo: Hemus, 1968.

_____. *Desespero*: a Doença Mortal. Rio de Janeiro: Livraria Camões, s/d.

_____. *Mi Punto de Vista*. Madrid: Aguilar, 1988.

_____. *Ou bien... ou bien*. Paris: Editions Gallimard, 1943.

_____. *Temor e Tremor*. Lisboa: Guimarães Editores, s.d.

_____. *Diário Íntimo*. Barcelona: Editorial Planeta, 1993.

_____. *O Matrimônio*. São Paulo: Editorial Psy II, 1994.

_____. *O Conceito de Ironia*. Petrópolis: Vozes, 1991.

_____. *La Reprise*. Traduction, introduction, dossier et notes par Nelly Viallaneix. Paris, França: GF Flammarion, 1990.

_____. *Estadios en el Camino de la Vida*. Madrid: Editorial Trota, 2001.

LODGE, D. *Terapia*. São Paulo: Scipione, 1997.

VATTIMO, G. *O Fim da Modernidade*. São Paulo: Martins Fontes, 1996.

Capítulo 5

POSIÇÕES RELIGIOSAS AO LONGO DO DESENVOLVIMENTO PESSOAL

Mauro Martins Amatuzzi

Podemos encarar a religião, objetivamente, como uma produção cultural. Nesse caso ela será um sistema elaborado de interpretação do mundo, do qual decorrem prescrições de comportamentos e ritos de ligação com a dimensão transcendente das coisas. Não há povo ou tribo humana que não tenha uma religião em sua história. E, em nome dela, coisas boas e coisas terríveis foram feitas.

Catherine Clément (1998), em seu romance *A Viagem de Théo*, compara o mundo das religiões com uma árvore enraizada firmemente em terreno humano, que tem um tronco comum e muitos galhos. No tronco, por onde passa a seiva que alimenta os galhos, folhas e frutos, estão as grandes afirmações comuns a todas as religiões. Dele nascem os galhos com toda sua diversidade histórica e com todos os desentendimentos que ocorrem entre eles (talvez por não se darem conta que pertencem à mesma árvore). Alguns desses galhos sobrevivem bastante tempo, sendo úteis para os que deles se alimentam. Alguns apodrecem e caem quando perdem sua vida. Alguns são podados por jardineiros, os grandes reformadores religiosos como Moisés, Jesus, Maomé, Buda. A árvore produz às vezes brotos que nascem no chão, independentemente. Correspondem àquilo que ela chama de seitas, que não participam do grande e belo tronco comum das religiões (que não são como os ramos desse tronco).

Também nos pareceu bastante feliz a organização do *Livro das Religiões*, de Jostein Gaarder, quando inclui, ao lado das religiões, as filosofias de vida não-religiosas (por exemplo, o humanismo, o materialismo e o marxismo) e a ética enquanto conjunto de valores de cada indivíduo. Trata-se, na verdade, de formas diferentes (e às vezes entrelaçadas) de responder às questões existenciais que se colocam para o ser humano (Gaarder, Hellern e Notaker, 2000).

Erich Fromm já dizia que o homem, em sua condição concreta, vivencia uma profunda quebra da harmonia natural. Ele é como um ser posto à parte, que não experimenta automaticamente o equilíbrio dos animais. Ele deve buscar isso. "O homem é o único animal para quem sua própria existência é um problema que ele tem que solucionar e do qual não pode fugir." (Fromm, 1974, p. 44) Essa é a raiz da necessidade tipicamente humana de orientação e de devoção (Fromm, 1974, p. 49). Historicamente essa necessidade tem sido respondida de diversos modos. Fromm menciona o animismo e o totemismo, os sistemas religiosos ateístas (como o budismo), os sistemas filosóficos não religiosos (como o estoicismo) e os sistemas monoteístas. Diríamos que todos eles têm suas representações em nossos tempos atuais. Além disso, segundo Fromm, algumas pessoas vivem um sistema particular de orientação e devoção. Para ele são formas particulares de religião. Fromm dá o exemplo de uma pessoa cuja experiência é totalmente determinada pela sua fixação à família, a ponto de ela se tornar incapaz de agir independentemente. Essa pessoa

> É de fato adoradora de um culto primitivo dos ancestrais, e a única diferença entre ela e milhões de adoradores dos ancestrais é que seu sistema é individual e não culturalmente padronizado (Fromm, 1974, p. 50).

Mas existe também um sentido subjetivo, interior, de religião. E aqui o termo designa a atitude interna da pessoa, sua experiência, ou sua tomada de posição em face dos significados últimos da vida. Aqui não falamos de "as religiões", mas da "religião" interior de cada um: a forma como cada pessoa se relaciona com o último, com a realidade como um todo, sua visão e sua postura básicas perante a vida (ver, por exemplo,

Wulff, 1996). Nesse sentido, o termo "religião" não tem necessariamente um sentido teísta, pois o último, o global, o sentido abrangente, pode não ser concebido por referência a um deus ou algo transcendente.

Poderíamos dizer que a religião, no sentido subjetivo restrito, refere-se a uma relação com algo concebido como transcendente (freqüentemente chamado de Deus). Mas no sentido subjetivo mais geral (de re-ligação) refere-se à relação com o último, seja ele concebido como um Deus transcendente ou não. É nesse sentido mais geral de re-ligação que tomamos o termo aqui. O termo "quase-religião" poderá ser usado, também, para designar essa forma de re-ligação não polarizada por um transcendente, mas que assume energias "religiosas", isto é, totalizantes ou "ultimizantes" (se é que podemos assim nos expressar). A ciência, a psicanálise, o marxismo ou o humanismo, por exemplo, podem tornar-se a "religião" de alguém. Até mesmo uma determinada religião histórica, ou seita, podem se tornar "religião" ou "quase-religião" para alguém. Isso quer dizer que aquela instituição religiosa (ou filosófica, ou política), enquanto externa, foi investida de energias totalizantes, "religiosas", retirando a pessoa de si mesma. Poderíamos, quem sabe, dizer que nesses casos houve um mau uso delas.

Claro está que a religião interior se relaciona com a exterior. A experiência de cada um usa das propostas culturais que dispõe, mesmo quando as transforma ou questiona. Como isso acontece e vai se transformando ao longo do desenvolvimento pessoal? É a essa pergunta que pretendemos responder, do ponto de vista psicológico.

Isso será explicado a partir de uma descrição que fizemos do desenvolvimento pessoal em um trabalho anterior (Amatuzzi, 2000), em confronto com depoimentos colhidos de "histórias religiosas" pessoais (relatadas a seguir).

A descrição do desenvolvimento pessoal consistiu em uma caracterização aproximativa de nove fases da vida, apoiada na leitura de autores como Piaget (1967), Jung (1979), Maslow (s.d.), Fowler (1992), Kolberg (ver Camino, 1998), Erickson (1998), Oser e Reich (1996). Essas fases podem ser denominadas a partir de seu desafio central: 1) do sonho à realidade; 2) do ciúme à relação; 3) da inabilidade à competência; 4) da indefinição à verdade pessoal; 5) do relacionamento superficial à intimidade;

6) da ausência de frutos à fecundidade; 7) do tédio das rotinas à liberdade; 8) dos apegos à libertação; 9) da vida à morte.

Os depoimentos foram colhidos, em sua maioria, por escrito, após uma entrevista não diretiva focal, conduzida pelo pesquisador ou alguns dos auxiliares. Foram ao todo 22 depoimentos, sendo nove de homens e 13 de mulheres, distribuídos em uma faixa de 21 a 81 anos, dessa forma:

- Entre 21 e 30 anos: 7 entrevistados;
- Entre 31 e 40 anos: 3 entrevistados;
- Entre 41 e 50 anos: 6 entrevistados;
- Entre 51 e 60 anos: 2 entrevistados;
- Entre 61 e 70 anos: 2 entrevistados;
- Entre 71 e 80 anos: 1 entrevistado;
- Entre 81 e 90 anos: 1 entrevistado.

Esses depoimentos foram oferecidos voluntariamente, a partir de entrevistas em que se explicava o objetivo da pesquisa. As pessoas entrevistadas não foram escolhidas a partir de algum critério preestabelecido, mas ao acaso de encontros. Ocorreu que todos os entrevistados tinham alguma relação com a tradição cristã-católica, mesmo quando não se consideravam mais adeptos dessa religião. Isso não deixa de ser esperável em um país como o Brasil. Quase todos os depoimentos foram colhidos em Campinas, SP. Por motivos éticos essas pessoas receberam aqui nomes fictícios.

Recorremos também ao depoimento de Morrie Schwartz na fase final de sua vida, conservado pelo jornalista Mitch Albom (1998), no belo livro *A Última Grande Lição*. As entrevistas do professor Schwartz ocorreram quando ele já estava acometido da doença degenerativa que o levaria à morte. E ele sabia disso. Trechos desse livro de Albom nos ajudaram a ilustrar algumas das posições do final da vida.

* * *

A posição religiosa da qual desejamos partir não chega a ser propriamente uma posição pessoal. A religião de um bebê, até aí pela metade do segundo ano de vida, é, na verdade, **a religião dos pais**. Contudo, é nesse contexto que ele é recebido, pensado, alimentado, acariciado, e é aí que inicia seu crescimento e a formação de sua consciência.

De certa forma, todas as histórias religiosas colhidas neste estudo começam pela família:

Gabi (21): "Sou de uma família cristã, onde ia com meus pais na missa todos domingos [...]".

Betoven (26): "Nasci em uma família de preceitos cristãos, mas sem o cotidiano dos ritos".

Nair (26): "[...] sou pagã [...] é a partir dessa ótica que convivi inicialmente com a religião [...] minha mãe não é uma pessoa religiosa [...] e [...] escolheu não batizar nem a mim, nem a meu irmão".

Sérgio (39): "Nasci numa família católica apostólica romana [...] Embora minha família seja de origem predominantemente judia [...]".

Dalva (44): "Sou de família humilde, graças a Deus, aprendi desde cedo a lutar com garra e esperança em Deus".

Nelma (51): "[...] fiz parte de uma família [...] parte espíritas, e parte católicos [...]".

Maria Benedita (51): "Desde pequena estive sempre em contato com valores religiosos".

Norival (81): "Pensando bem, quase posso afirmar que, na extensão da palavra, praticamente, não tenho religião. Criado e educado na religião católica [...]".

A religião do bebê é a religião dos pais. Mas como é a religião dos pais? Que grau de explicitação ela tem na consciência deles, e que grau de influência poderia ter em seu comportamento de pais? Isso pode variar muito. Podemos imaginar, em um extremo, uma consciência religiosa refletida e bem elaborada, associada a um alto grau de espiritualidade ou de referência a valores transcendentes na vida cotidiana, com efeitos evidentes em tudo que diz respeito ao trato com o bebê. No outro extremo teríamos uma ausência de consciência religiosa ou de referências explícitas nesse nível de significados, uma ausência de significados abrangentes acerca da vida ou do mundo (ausência de "re-ligação" no sentido geral, definido anteriormente). Teríamos somente significados particulares, ligados a preferências pessoais, com ou sem uma tomada de posição nítida da pessoa. Parece lógico pensar que isso teria também um efeito sobre a vida do bebê. Entre esses dois extremos podemos imaginar as mais variadas posições religiosas dos pais.

Entre nossos entrevistados encontramos pais ou familiares mais bem definidos, estando o sujeito também mais bem definido enquanto posição religiosa.

Mariana (74): "Eu aprendi toda minha religião católica com meu avô que veio da Itália; ele era um homem que sabia muito sobre a religião católica. Ele dava aulas de religião nas fazendas [...] Nessa época eu sempre acompanhava ele e assim aprendi toda a religião [...] Até hoje eu nunca mudei e nunca pensei em mudar de religião [...] Deus para mim é tudo [...] eu creio muito em Deus".

Glória (40): "Sou filha de pais católicos praticantes. Estudei em colégios católicos desde o Jardim até o 3º clássico. O colégio das freiras dominicanas foi o que melhor colaborou com a educação religiosa, pois havia um cunho de prático em suas pregações. A discussão era incentivada, as opiniões diferentes também eram permitidas. Assim pude ir construindo minha crença e também aplicando na vida prática o que aprendia em discussões ligadas à teoria e à prática. Após o casamento, minha prática foi ficando cada vez mais calcada na descoberta da minha fé pessoal [...] Meu caminho é melhorar nesse sentido e confiar mais na presença divina em minha vida".

Mas encontramos também posições mais ou menos confusas ou conflitantes entre os pais, e também no entrevistado:

Betoven (26): "Nasci em uma família de preceitos cristãos mas sem o cotidiano dos ritos. Fui batizado mas meus pais nunca se preocuparam em me propor a primeira comunhão [...] minha mãe me levava à missa quando ela ia [...] Historicamente e ideologicamente me posiciono contra a Igreja Católica e suas crenças, não adotando como contraponto nenhuma outra religião. Já me detive um pouco na umbanda [...] Mas também comecei a não me identificar [...] Hoje em dia me sinto na posição de agnóstico, mas não ateu".

Gabi (21): "Sou de uma família cristã, [...] ia com meus pais na missa todos domingos [...] depois fiz minha primeira comunhão, [...] me confessei pela primeira e última vez [...] Minha mãe vai em benzedeiras para tirar "mau-olhado", acredita também que trabalhos feitos em centro de umbanda podem influenciar a vida das pessoas; apesar de eu não acreditar em nada disso, respeito a opinião dela [...] fui buscar um "consolo" na doutrina espírita [...] não freqüento missas, mas me sinto bem em ir até a igreja e rezar um pouco; converso com Deus todos os dias [...] apesar de não ter uma religião definida."

Muitas vezes o jovem adulto detecta inautenticidades na vivência religiosa dos pais, ou dos adultos de referência, e isso, nesses casos, se associa à sua posição atual:

Naíra (21): "Nasci em família católica e em cidade pequena [...] onde as famílias têm um sobrenome e uma religião para serem reconhecidas na sociedade. [...] sempre que havia uma missa muito importante era o meu pai o convidado para ajudar a celebração ser mais emocionante [...] Meu pai [...] diz que tem que aparecer, que é importante ele ir. [...] Não paro pra ficar pensando se ainda sou católica ou não."

Zezo (45): "[...] tenho [...] muito forte na lembrança [...] quando já jovem adulto [...] no sermão o padre falou sobre penitências e atos de pobrezas, e outras balelas mais, manda que se recolha o dízimo, e a cena em minha cabeça é a de um par de mãos sustentando uma bandeja cheia de dinheiro. [...] (No) dia seguinte [...] eu passo em frente a casa do padre para o trabalho, à pé, e tal não é minha surpresa, quando olho na garagem da casa, um automóvel Wolks zero quilômetro. na cor e ano que eu tanto sonhava, e aquilo foi a gota d'água [...] revoltei-me e não freqüentei mais a igreja." (Zezo acabou se encontrando na Seicho-no-Ie.)

Belizário (34): "Venho de uma família muito católica e tradicional. [...] sensação que era preciso eu também participar disso tudo. [...] (sensação de que) na verdade, eu não escolhi a religião. Nem mesmo tive a opção de escolher. Fui [...] bombardeado por uma série de idéias, noções, palavras, atitudes [...] sempre fundamentado em punições ou castigos. Muitas das idéias dogmáticas da Igreja me foram incutidas e eu as repetia [...] (algumas atitudes) me soavam incoerentes, como certos comportamentos de católicos preconceituosos, hipocrisias [...]".

Por outro lado, qualquer que seja o contexto, o bebê, nesse início de vida, está trabalhando a questão da confiança básica (Erickson, 1998; Fowler, 1992). Ele está saindo do "mundo do sonho" e estabelecendo as bases de sua relação com o "mundo real". No caso mais positivo, a vida psíquica repousa em um pressuposto de confiança, mesmo se isso tenha que ser matizado por momentos de cautela. Pois bem, esse pressuposto de confiança é a base de qualquer religião posterior (como afirma Fowler, 1992). Digamos que a verdadeira religião (re-ligação) vem a ser simplesmente o desenvolvimento dessa confiança básica, ou, um tirar as conseqüências últimas de tudo que ela implica. Temos aqui, então, a vertente interior da primeira posição religiosa: **a confiança básica**. E podemos também imaginar em um extremo uma confiança bem estabelecida, fundada provavelmente na segurança transmitida pelos afetos dos pais, e no outro extremo uma confiança titubeante ou uma franca desconfiança traduzida em mecanismos de negociação nas relações com a realidade, ou mesmo uma recusa dessas relações (sob alguma forma de auto-isolamento psicológico).

Indícios de problemas na confiança básica podem ser vistos em alguns depoimentos. Norival parece ter dificuldade em se abrir para o não-eu. Zélia hesita muito e parece não ter encontrado um caminho aceitável.

Norival (81): "[...] quase posso afirmar que, [...] praticamente, não tenho religião. Criado e educado na religião católica, nunca pude me entrosar com ela ou com outra qualquer, sem, contudo, atinar com o motivo dessa apatia [...] Tenho comigo um retrato da minha turma da primeira comunhão, onde os demais contritos, de mãos postas, com a humildade que a ocasião requeria [...] (e) eu, acintosamente, [...] de braços cruzados, olhar desafiador, como se fosse o dono do mundo. Até hoje [...] não consigo conceber reação tão arrogante e descabida, engendrada no cérebro de uma criança [...] Minha crença própria (se resume em) [...] 'Amar a Deus' [...] e ao próximo *quase* como a mim mesmo' [...] Não consigo conceber amar ao próximo como a mim mesmo [...]".

Zélia (48): "Meu pai praticamente nos obrigava a ir à missa [...] fico especialmente feliz em acreditar que existe uma força superior que sabe para onde estamos indo [...] pois o mais fácil é nos sentirmos perdidos no meio do caminho [...] Penso que a religião é um flagelo e o ser humano enlouquece com a possibilidade de Deus [...] tudo o que vemos são decepções e frustrações. [...] (meu) momento [...] (é) de um pouco de ceticismo [...] (mas) sempre tive facilidade de acreditar em Deus [...] refúgio nos momentos ruins [...] um Ser Supremo que [...] nos ama e nos protege [...] Mas [...] por que não se apresenta? [...] essas perguntas [...] nos "enlouquecem" um pouco [...] Crer, simplesmente [...] é tão difícil perdoar. O mais fácil é odiar e tramar vinganças [...] Temos que viver essa fé.

Mariana e Glória, citadas anteriormente, podem ser exemplos de uma atitude mais tranqüilamente confiante.

É na confluência dessas duas vertentes, a exterior e a interior, que se irá tecendo o desenvolvimento das posições religiosas como veremos a seguir.

* * *

A partir do segundo ano, até à chamada idade da razão ao final do sexto ano, já podemos pensar em alguma forma de interiorização simbolizada de significados abrangentes ou do âmbito religioso. Isso corresponde à experiência da linguagem como reconstrução interior do mundo. Graças a ela a criança pode superar a posição egocêntrica do ciúme e relacionar-se com o outro de modo diferente (Piaget, 1967; Erickson, 1998). Como são possuídos os significados nessa época? Não de forma discursiva, mas por meio de símbolos sintéticos (Fowler, 1992). Eles são dados como de uma vez, e têm o poder de remeter a vivências pré-reflexivas. Isso acontece no que se refere àquilo que possa expressar, para a criança, algo de sua ligação com a realidade última. É a época da **religião dos objetos simbólicos concretos.** Uma medalhinha, um objeto, um livro venerado, um totem, aquele quadro na sala de visitas, o símbolo de um partido, algo desse tipo condensa para a criança esses significados, sem que ela possa ou tenha necessidade de mais explicações.

Alguns de nossos entrevistados, como Daniela, por exemplo, têm lembranças dessa época, relacionadas com imagens, gestos e objetos simbólicos. Outro, Blenson, parece que conservou dessa época o "estilo de religião".

Daniela (48): "As vivências mais importantes que eu tive durante minha infância giraram em torno da figura de minha avó e de alguns santos de sua devoção. As lembranças que eu tenho deste período envolvem o uso de medalhinhas de Santa Clara, o ouvir histórias sobre Santo Antônio e a cruz de São Camilo que eu usava presa por um alfinete junto às minhas roupas".

Blenson (47): "[...] meus avós [...] tinham grande devoção à Nossa Senhora Aparecida [...] minha mãe foi batizada com o nome de APARECIDA [...] (Eu) brincava próximo da Igreja São Judas [...] porém com medo, pois os comentários eram que Judas havia sido o traidor de Jesus. (Quando soube que se tratava do apóstolo e não do traidor, tornou-se um devoto). [...] Para minha alegria, a pequena igreja [...] hoje se tornou Santuário de São Judas Tadeu [...] (abrigando) 1.600 pessoas nas concorridas missas e celebrações. Tenho [...] visitado várias igrejas desse importante apóstolo em (várias cidades). [...] (Durante a entrevista, Blenson fala de imagens, que são para ele um sinal da presença de Deus; imagens do Sagrado Coração de Jesus em lugar de destaque nas paredes das casas, imagens de São Judas, de flores que são aí colocadas etc. Menciona também outras manifestações exteriores que ele gosta de ver: bispos reunidos, crucifixos. Comenta como isso é diferente de ver nas casas, pirâmides e duendes.) [...] Quando cheguei (no Santuário) e vi aquela obra construída, aquela organização, aquelas cadeiras, a melhor cadeira [...], saí de lá encantado".

Quanto ao conteúdo implicitamente afirmado, existe outra característica. A **realidade última**, ou Deus, ou o que quer que esteja em seu lugar, é vivido pela criança como uma realidade **externa e tendo poder absoluto sobre ela** (Oser e Gmünder, citados por Oser e Reich, 1996). A criança nada pode fazer em relação a isso, a não ser receber passivamente sua ação inexorável quando ela ocorre.

Seria interessante buscar depoimentos de crianças que pudessem ilustrar esse ponto. Parece, no entanto, que esse sentimento, de alguma forma, se faz representar depois. É o que Betoven, meio às avessas, ilustra:

Betoven (26): "Quando eu vejo desgraças humanas absolutas tendo causas naturais, mecânicas ou até mesmo humanas, eu veementemente duvido da existência de um Deus, já que acontecem essas coisas com inocentes e muitas vezes há muita oração e pedidos realmente sinceros e realmente apaixonados para Deus. Ou Ele não quis ou não existe".

Se o envolvimento dos pais (ou pessoas significativas) com as questões de significado último não existe, ou é hesitante, os objetos simbólicos terão, para a criança, uma função parecida: simbolizam, tornam presentes, só que não uma vida, mas crenças mais ou menos separadas da vida. E outros objetos podem se somar a esses, como portadores de significados particulares expressando dedicações talvez mais reais dos pais. Uma televisão, um computador, um carro, uma bolsa, um uniforme, uma arma. O oposto, então, da religião dos objetos simbólicos será uma **"religião" de falsos símbolos** (que não sintetizam uma vida, mas apenas crenças); ou então a **quase-religião dos símbolos particulares**, representativos da dedicação setorizada dos pais (mas com solicitação maciça de energias). Mais tarde, essas formas de posição religiosa se traduzirão em uma **religião de crenças** (mais ou menos desvinculadas da vida, mas referidas a um poder absoluto), ou a uma **quase-religião** também **rígida**, girando em torno de **conceitos mais ou menos imutáveis** sobre a vida ou o modo de viver.

O livro e a fita de que se lembra Zezo, de sua infância, depois de suas decepções tornaram-se símbolos de alguma coisa que não era mais vida para ele.

Zezo (45): "Minhas experiências religiosas têm início quando ainda pequeno fiz o preparatório para a primeira comunhão e (o) que recordo muito fortemente daquela época, são o livro e a fita que recebi para estudos e posterior uso aos domingos, nas missas, para que fosse distinguido visualmente daqueles que ainda não tinham feito a primeira comunhão. Isso desde sempre foi para mim uma forma de individualizar-me dos demais, e para os padres uma maneira que a Igreja tinha ou tem para controle [...] Freqüentava uma religião que de uma certa forma vinha me dando informações distorcidas às pregadas por Jesus".

A expressão "respeito à crença" (citada mais adiante), no contexto de significados vivenciais atuais de Belizário, ilustra uma religiosidade inicialmente apoiada na autoridade, e depois reduzida a crenças mais ou menos desvinculadas da vida e referidas a um poder absoluto.

Belizário (34): "Desde cedo fui educado para ir à missa e respeitar os preceitos da Igreja. Nunca compreendi muito, mas sempre segui a cartilha [...] A sensação que tenho é que, na verdade, eu não escolhi a religião. [...] Muitas das idéias dogmáticas da Igreja me foram incutidas e eu as repetia sem mesmo questionar [...] Hoje estou afastado dos ritos. Questiono alguns dogmas ou idéias que considero arcaicas, mas defendo o trabalho do Papa, respeito a crença [...]".

Tudo complica ainda mais se consideramos uma constituição frágil da confiança básica como modo de relação com o mundo. Isso afetará a vivência do poder do símbolo, enfraquecendo-a. Ele tenderá a ser apenas um signo ou um sinal demonstrativo, mas não presentificador de vida. A não ser que haja um resgate da confiança básica (por meio da psicoterapia, por exemplo), só poderemos falar de uma **religião aparente**. Qualquer re-ligação com o todo fica comprometida.

* * *

A etapa seguinte é a do menino ou menina. E vai dos sete anos ao início da adolescência: pelos 12, 13 anos. Não há muita coisa que muda em relação à posição religiosa, em termos de tomada de posição. O que muda é a forma como o menino ou a menina pode se apropriar dos significados religiosos ou mais abrangentes (quase-religiosos). Dos objetos simbólicos concretos, eles passam para as histórias portadoras de sentido (Fowler, 1992). Os significados são apropriados agora principalmente por meio delas. Isso tem a ver com o desenvolvimento intelectual que acompanha os desafios existenciais que se colocam (Piaget, 1967). É uma etapa de vida em que se procura superar certa passividade pela iniciativa e busca de habilidades (Erickson, 1998). E a experiência importante é a da coragem que permite o enfrentamento de uma situação que se desenrola. Essa coragem introduz o menino ou a menina em um processo em andamento, que tem um sentido. No âmbito dos significados últimos, a compreensão passa também pelo contato com relatos que os manifestam de alguma forma. É a **religião das histórias concretas**. Elas é que são portadoras do sentido.

Daniela, no trecho citado anteriormente, além dos objetos simbólicos, fala também das histórias. Nessa época as histórias familiares, de heróis e heroínas, e as histórias religiosas é que vão dando ao menino ou menina o **senso de um pertencimento** à família (ou a um determinado subgrupo humano), ao gênero humano (esta raça de mortais), e ao universo (ou à realidade como um todo).

Esse pertencimento, no entanto, já não é totalmente passivo diante de um poder absoluto (Oser e Gmünder, citados por Oser e Reich). No plano religioso existe a possibilidade de uma "negociação" com Deus. Ritos, preces, obediência a preceitos são modos de se ter uma influência em seu poder sobre as pessoas. As realidades religiosas são vistas como externas ainda, mas existe a possibilidade de **algum tipo de comunicação de nossa parte para com elas**. Talvez mágica, mas isso já mostra uma diferença grande em relação à etapa anterior. O que se diz das realidades religiosas propriamente ditas vale, também, dentro de um senso de analogia, para a realidade tal como ela é significada em uma ideologia quase-religiosa. O que ocupa o lugar de Deus, trazendo um significado para a vida, é visto como externo, mas podemos nos relacionar de alguma forma com isso. Começam a aparecer os ritos, ou melhor, eles já podem ser vivenciados.

Ney evoca uma passagem de sua vida que ilustra bem essa relação mais ativa com a realidade última.

Ney (62): "Lembro-me de uma ocasião em que eu estava de cama, com gripe. Eu estava sozinho no quarto. Começou a chover forte. Tive medo. Peguei um livrinho de orações e li o livro. Quando terminou, a chuva havia passado. Aquilo para mim foi como se Deus tivesse atendido uma prece minha".

A ausência de histórias no meio familiar (ou próximo) vai acarretar justamente uma deficiência no senso de pertencimento de que falávamos. Uma família que não tem histórias não chega a ser uma família e, então, não há a que pertencer. Esse desenraizamento poderá se manifestar mais tarde como um forte e profundo ressentimento. A posição religiosa que combina com isso, e que está no oposto da religião das histórias concretas, pode ser denominada exatamente de uma **posição de desenraizamento**. O encontro (mais provavelmente posterior) com uma poderosa tradição espiritual poderá se tornar, nesses casos, bastante significativo. Porque ele permitirá o enraizamento de que tanto sentiu falta.

Nair se mostra ressentida pela "rejeição religiosa" dos pais e pessoas mais próximas, fazendo-a sentir-se excluída.

Nair (26): "Sou pagã, e [...] é a partir dessa ótica que convivi inicialmente com a religião. A família de meu pai é católica praticante, minha mãe não é uma pessoa religiosa, apesar de ler o salmo todo dia para se "proteger", e (foi) quem escolheu não batizar nem a mim nem a meu irmão. Isso foi importante, pois me senti excluída pela religião, pois não ia ao catecismo, não podia comungar na missa, nem fazer confissão, além de minhas amiguinhas de infância dizerem que eu ia para o limbo.

Na vertente subjetiva podemos imaginar outro tipo de problema. É uma deficiência na experiência de coragem que já deixa a pessoa fora de um processo. Todo esse senso de pertencimento pode ficar prejudicado também por esse motivo. Mais tarde poderá se manifestar uma posição religiosa de **medo do compromisso**, medo **de fazer a experiência**. As hesitações de Zélia (citada anteriormente) fazem também pensar nisso. Questões de confiança básica podem levar, depois, ao medo de fazer a experiência, e à insegurança que decorre dessa não-experiência.

* * *

Na adolescência (idade entre 13 e 20, aproximadamente), o pertencimento vai ser experimentado por outros caminhos: a escolha de um grupo. O desafio básico agora é encontrar uma identidade pessoal que venha mais de dentro, e geralmente em nosso meio isso é vivido como uma oposição à fonte familiar (Erickson, 1998, por exemplo). O adolescente parte em busca de outros grupos, agora escolhidos por ele, ampliando o âmbito familiar. Essa é justamente a experiência mais significativa nessa época: a escolha, e principalmente a escolha dos amigos. Em continuidade, sua posição religiosa tende a ser a posição do grupo escolhido. No caso de uma família explicitamente religiosa, em que o desenvolvimento transcorreu normalmente até agora, o grupo bem poderá ser uma ampliação do grupo familiar, havendo lugar para certa continuidade, mas, ao mesmo tempo, para certa ruptura, necessária ao encontro com uma identidade mais pessoalmente definida. De forma um pouco mais pessoal agora, **a religião** tende a ser a do **grupo de identificação** escolhido. Eduardo, que tem atualmente uma posição "científica" e "cética" em relação à religião, lembra-se de como foi a nova sociabilidade que o fez se envolver com a religião dos grupos que freqüentava.

Eduardo (26): "Eu [...] não era um católico fervoroso. Seria hipocrisia afirmar que a religião fez-me assumir a participação em até três grupos religiosos (ele chegou a se tornar um líder em grupos religiosos juvenis, na época). Eram as amizades, as pessoas que conhecia. Assumo que o cristianismo foi uma ferramenta para minha sociabilidade".

Quando a posição religiosa dos pais é rígida, permitindo pouco espaço de movimentação psicológica para os filhos adolescentes, ou não é muito consistente (ficando muito aquém das questões que já se colocam para ele), então é mais provável que o grupo escolhido não tenha muita continuidade com o grupo familiar, e passe a haver um **abandono da prática religiosa dos pais**. E isso vale também para práticas de ritos quase-religiosos. O que era um compromisso político sério para os pais, definindo seu sentido de vida, por exemplo, e do qual o menino, ou a menina, se sentia até certo ponto participante, passa agora a ser rejeitado. Essas rejeições se dão com críticas certamente, mas principalmente como um modo de buscar uma definição mais pessoal, passando nesse momento pela escolha de outros grupos de pertencimento.

Naíra, que ficou com a idéia de que os pais tinham uma religião de conveniência social, durante a adolescência fazia questão de não seguir os ritos e preceitos religiosos da família, juntamente com "sua turma".

Naíra (21) (Referindo-se à Semana Santa, na qual se deve jejuar e se abster de carne): "Bebi e comi, não fiz nada de que manda o figurino, eu e minha turma, mas em casa manteve-se o cardápio e com a justificativa na ponta da língua. Não fiquei me perguntando se teria ou não castigo caso eu viesse a comer e beber [...] na adolescência [...] comecei a não sentir necessidade dos ritos da igreja católica [...] achava tudo uma bobagem [...] o meu tempo não era para acordar cedo e ir na missa".

Pode ocorrer nessa etapa, internamente, uma deficiência na experiência de escolha. O adolescente não ousa escolher amigos. O que resulta daí é uma falta de autonomia pessoal que acarretará uma **posição conservadora de padrões anteriores**.

Na adolescência ocorre **separação entre as questões pessoais e as questões religiosas ou filosóficas**. De um lado, a vida pessoal com seus desafios sentidos intensamente, e, de outro, questões mais ou menos abstratas, ou filosóficas, referentes aos significados últimos (Piaget, 1967, Oser e Reich, 1996, por exemplo). Ambos os domínios são reais, mas são como vividos em separado. As realidades às quais se referem os significados últimos são vistas ainda como **externas**, ao contrário dos desafios pessoais sentidos nessa fase.

Naíra, só depois da adolescência, começa a sentir que as questões religiosas deixam de ser externas e começam a ser sentidas como internas. Na adolescência eram vivenciadas ainda como externas.

Naíra (21): "[...] então começo a questionar a existência de um sentido maior para todas as coisas. Isso me deixa um pouco angustiada, pois tenho que tomar decisões, são minhas escolhas pessoais, independentes. É a adultez chegando".

* * *

Entre os 21 e os 30 anos talvez estejamos na etapa central no que diz respeito às transformações da posição religiosa (Fowler, 1992). No jovem adulto, que se desenvolveu bem até essa idade, surge muito fortemente a necessidade de assumir uma posição mais pessoal diante da vida, mais fundamentada em razões e na experiência. Todas as formas de relação anteriores são sentidas como superficiais, e há um anseio de intimidade real. A passagem para um plano mais profundo supõe essa experiência de intimidade (Erickson, 1998). Isso se dá não apenas no plano das relações amorosas. No plano da posição religiosa, ou a pessoa encontra uma forma de relação mais pessoal e fundamentada ou recai em uma posição convencional e nada significativa pessoalmente ou abandona de vez o referencial religioso, tentando substituí-lo por outro que exerça as funções que a religião exerce (que passa a ser como uma quase-religião). De um lado temos, então, uma **religião pessoalmente assumida**, de que a pessoa possa se dar as razões, seja no plano do pensamento seja no plano experiencial (e que pode ser um re-encontro com sua religião de família, ou a descoberta de outra tradição que tome esse lugar. Do outro lado, o abandono explícito da religião com a **assunção de outro referencial não religioso**, mas que é assumido com uma intensidade "religiosa" de dedicação e devoção. Entre esses dois extremos, e relacionado com uma deficiência na experiência de intimidade, existe **uma religião convencional** ou um sistema de orientação e devoção não estritamente religioso, mas também convencional, que mantém a pessoa presa a uma etapa anterior de desenvolvimento.

Nas hipóteses mais favoráveis ao desenvolvimento inicia-se uma **aproximação psicológica entre as questões de sentido último e a vida pessoal mais concreta**, ao contrário do que acontecia na etapa anterior.

Sérgio participou junto com sua família, de forma tangencial, de várias tradições religiosas: judaísmo pela origem remota, catolicismo não praticante, espiritismo, umbanda etc. Não se prendeu a nenhuma delas. Ele relata:

Sérgio (39): "Não tive uma educação religiosa formal, não segui nenhuma tradição, nunca me propus a seguir uma determinada crença nem fui obrigado a isso. Mas houve um tempo em que eu era considerado religioso pelos amigos porque me preocupava a busca de uma Verdade. Mas, mais do que isso, fazia pesquisa intuitiva de um sentido para a vida, que não estava escrito nem formulado [...]"(Depois de relatar a morte dos pais, quando tudo desabou para ele, continua.) "Tem me custado tempo recobrar uma Esperança e, ultimamente, tenho me dedicado a pesquisar e construir um modo de vida a partir do Tokkou [...] (um curso ligado ao Yamaghishismo, uma espécie de sistema não religioso de vida) Essa prática se fundamenta na Amizade e na busca contínua do que é melhor e mais verdadeiro. Tem sido uma experiência muito interessante. Para mim é como reviver [...] Reencontro com um movimento divino que é a Amizade, essa função socializada do Amor. Coisas de Deus? Acho que é a única certeza que me resta".

O que ainda segura Sérgio, não o levando a uma dedicação completa por esse novo caminho, é sua ligação com a família. Ele ilustra o assumir de uma ideologia não religiosa, em uma função quase-religiosa, somente limitado por uma relação familiar que permanece.

Sérgio (39): "Acho que minha fé era minha família. O que tem me restado são coisas opacas e descoradas que às vezes e inesperadamente voltam cada vez mais fracas. Mas como têm me ajudado as fotos! [...] são os objetos mais caros que levo comigo [...] Mas onde estão as imagens que não foram registradas? Tenho dado uma falta muito grande delas [...] muita coisa se perdeu e eu me perdi com essas coisas [...] Chorar [...] uma lacuna intransponível".

Zezo, depois de ter abandonado a religião dos pais, encontra-se na Seicho-no-Ie.

Zezo (45): "Andei à procura de alguns ensinamentos religiosos, mas não encontrava em nenhum deles o que procurava, até deparar-me com uma Revista [...] publicada pela Seicho-no-Ie, na qual em um de seus artigos o mestre Masaharu Tanigushi contava sua experiência [...] Naquele momento identifiquei-me com aquele artigo e prometi para mim mesmo que iria conhecer [...]" (relatando depois um encontro pessoal com um líder do movimento, escreve) "o que eu vi e senti naquele momento era que tudo que aquele senhor falava em japonês eu já sabia o que era, sem nunca ter falado ou aprendido aquela língua [...] naquele momento tudo ficou muito claro [...] Comecei a freqüentar esta filosofia de vida chamada Seicho-no-Ie [...] na época tinha 30 anos [...] muito alcancei por ter encontrado neste ensinamento um orientador para o que viria a ser minha vida. [...] faço da vida humana uma vida divina e avanço crendo sempre na vitória infalível".

Para Euler, a rejeição da religião familiar que ocorreu na adolescência prossegue depois aprofundando-se em busca de razões e fundamentação para suas posições.

Euler (25): "Nessa época eu tinha bem fixado em mim certos dogmas como a existência de um céu, de um pai bondoso, do pecado, do poder da oração etc. Eu acreditava nesses preceitos até que um dia passei a questionar tudo isso. [...] primeiro não conseguia mais crer nas palavras do padre, transformando o ir-à-missa numa tortura; depois comecei a conciliar duas coisas inconciliáveis a meu ver, que são a fé e a razão. [...] minha opção (foi) pela segunda. Eu já não conseguia acreditar em Adão e Eva, sabendo que o homem descende do macaco; o viver uma vida sem pecados ou arrependendo-se soava como 'continue obedecendo o papai e a mamãe', ou 'aja politicamente correto'. [...] meu crescente interesse por arqueologia, história, futuramente parapsicologia e ufologia. Na verdade, eu estava à procura de uma verdade em que acreditar. [...] minha experiência religiosa está intimamente ligada à razão; de certa forma, ainda é preciso eu 'ver para crer', não consigo 'crer por crer', e esse é um caminho que eu sei que pode modificar. Meu crer em Deus está ligado à noção de infinito, de causa última, sopro da vida, noções que eu sei que são religiosas mas chego a elas pela razão; é assim que (sou) [...] religioso".

Glória busca também uma fundamentação mais pessoal para sua posição, e confirma a religião da família, assumindo-a de formas cada vez mais profundas. O mesmo ocorre com Bráulio.

Glória (40): "[...] (Na escola) a discussão era incentivada, as opiniões diferentes também eram permitidas. Assim, pude ir construindo minha crença e também aplicando na vida prática o que aprendia em discussões ligadas à teoria e à prática. Após o casamento minha prática foi ficando cada vez mais calcada na descoberta da minha fé pessoal. [...] Minha fé cada vez ficando mais clara e forte. Isto não quer dizer que não tenha muitos momentos em que eu me esqueça dela e dê boas escorregadas tentando 'bancar Deus'. Meu caminho é melhorar nesse sentido e confiar mais na presença divina em minha vida." (Quando da entrevista oral, posterior, ela acrescenta:) (Meus professores) contribuíam muito, porque eu sempre tive uma postura [...] e dizia assim: Bom, deixa eu ver porque que eles pensam desse jeito [...] se isso encaixa em alguma coisa para mim ou se eu consigo explicar [...] sabe? Então são pessoas que se baseiam em processos históricos da Igreja para justificar a falta de crença própria, não é? Ah, porque aquela idade média [...] que faziam isso, que faziam aquilo, né? Então tira do contexto histórico [...] uma situação para explicar o próprio problema, não é? E isso tudo, com o estudo foi clareando [...] Pra mim foi o que me ajudou e que me fazia ir buscar outras razões".

Bráulio (65) (Relatando seu afastamento da religião familiar e depois sua volta.): "Necessidades de novos conhecimentos, necessidade premente de horizontes mais reais. [...] iniciou-se o processo [...] passando a religiosidade a ocupar quarta ou quinta posição na escala de prioridades. [...] (Depois disso) iniciou-se [...] uma fase de estudos das diversas tendências religiosas, dentro do cristianismo e de outras "seitas" não cristãs [...] Com o correr dos dias e o convívio da nova ordem espiritual [...] (verificou-se) a grande mistificação [...] falta de humildade e principalmente a existirem 'muitos donos da verdade' [...] Assim, aproveitando o conhecimento adquirido com a nova militância, aproveitando-me de tudo o que de bom ela pode oferecer, regressei ao 'ninho antigo', onde posso absorver diretamente da 'fonte da vida eterna' [...]".

* * *

No adulto, entre os 30 e 40 anos, essa tomada de posição mais pessoal na linha da exigência de intimidade transborda em um anseio novo: a fecundidade (Erickson, 1998, por exemplo). A relação que não se abrir para a fecundidade será vivida como estéril, e o desafio será, então, o da passagem dessa esterilidade para a generatividade e o conseqüente zelo com o fruto produzido.

No plano religioso teremos **uma religião que se expande no meio**, ou, então, **uma religião fechada em si mesma, estéril**. E isso vale também quando a posição da pessoa já não é "religiosa" no sentido estrito. Aquilo a que ela se dedica como um sentido de vida tende a se expandir em generatividade, ou, pela falta disso, ela pode ficar fechada em torno de si mesma, em uma espécie de **individualismo**.

A esterilidade da posição provavelmente se prende a deficiências em experiências básicas anteriores. A pessoa estaria nesse caso buscando uma "confissão" ou uma "ideologia" que a satisfaça. Uma vez encontrado esse referencial, a pessoa se tranquiliza, tornando-se meramente um "consumidor" desse produto, sem sentir necessidade de ser "agente" cultural. A busca foi parcial: apenas intelectual ou apenas sentimental, por exemplo. A pessoa já estava distanciada de uma vivência das perguntas mais radicais. Devemos lembrar, contudo, que sempre pode haver a intercorrência de uma experiência suficientemente forte para resgatar os vazios de experiências anteriores (Fowler, 1992). Alguns trechos de depoimentos mostram essa expansão:

Zezo (45): "Hoje [...] tenho para mim que o Movimento de Iluminação da Humanidade, do qual faço parte, tem como norma fundamental a prática do sentimento de gratidão e a manifestação de Amor em todos os atos".

Ney (62): "Trabalhei ativamente e com convicção em práticas de evangelização. [...] meu envolvimento com o catolicismo foi aumentando, seja por uma necessidade interior seja por estar muitas vezes prestando algum serviço como assessor [...] de grupos de igreja. [...] vejo uma riqueza nessa tradição (cristã) e a possibilidade de ser assumida em uma atitude ativa, criadora, e não simplesmente passiva e submissa".

Maria Benedita (51): "[...] fiquei dez anos realizando um trabalho voltado especificamente para a população carente. [...] sinto que minha vida é marcada por situações em que sou solicitada a dar respostas de caráter humano e espiritual, num nível de constância muito grande [...] É como se aquela tarefa coubesse a mim e não a outros [...]" (Ela ilustra também como a própria oração pode incorporar a expansão típica deste estágio.) "Entretanto não medito só para 'dentro', medito também e muito por causa do que está fora [...] Especialmente os rostinhos de bebezinhos, animais domésticos, flores, plantas, céu azul, mar [...] pessoas se abraçando, casais de mãos dadas (principalmente os mais idosos), enfim, tudo o que desperta a ternura e viabiliza a beleza das coisas simples toca meu coração e abre meus canais espirituais, me leva a meditar, orar e contemplar [...] São momentos que considero de deslumbramento e de uma maior aproximação de Deus [...]".

Eis como uma pessoa simples, mas de fé profunda, manifesta essa dimensão:

Mariana (74): "Eu rezo muito, tenho minhas orações, faço grupo de terço, tem um outro grupo de reza para Nossa Senhora da Aparecida, que tem uma imagem de uma santa que vai passando de pessoa em pessoa do grupo. Quando tem alguém doente eu sempre rezo muito e peço e recebo muitas graças".

Por outro lado, Belizário, que leva uma vida bastante ativa e criativa em sua profissão, não faz uma relação entre isso e sua fé atual. E Zélia, presa em seus dilemas individuais, também não chega a vivenciar essa expansão.

Belizário (34): "Quando o sono bate e o carro vai saindo da pista, tenho a sensação que Ele segura o volante e 'puxa' o carro de volta. Hoje minha fé é mais ou menos isto".

Zélia (48): "É assim que eu vejo Deus em minha vida: a maior força do Universo. [...] Fico entristecida quando estou num ambiente e debocham de Deus, mas não julgo ninguém, pois cada um pode pensar como quiser".

* * *

Supondo-se transpostos os dasafios anteriores, o adulto maduro, entre 40 e 60 anos aproximadamente, depara-se com as rotinas de sua vida e com a necessidade premente de encontrar um sentido pessoal para ela (ver, por exemplo, Frankl, 1973, 1989). Será justamente a experiência desse sentido pessoal, além daquilo que ficou por tanto tempo determinado (percebido então como algo externo em sua vida), que será capaz de fazê-lo dar um passo a mais e ter um sentimento novo de liberdade e retomada de seu desenvolvimento.

Se sua posição for religiosa no sentido estrito, dado o passo dessa experiência, teremos uma **religião de sentido pessoal**, que relativiza seus aspectos externos e até mesmo institucionais. Se isso não ocorrer, a tendência será a de ela se tornar uma religião conceitual, rígida, rotineira, **presa a aspectos externos**.

Quando a posição não é estritamente religiosa, teremos as mesmas duas possibilidades. Os aspectos institucionais ou externos de sua posição são relativizados ou abandonados com a ocorrência da experiência do sentido ou, não sendo, aqueles aspectos institucionais tornam-se mais rígidos e sem vida.

Essa relativização fica clara no depoimento de Maria Benedita.

Maria Benedita (51): "As minhas atuais posições no campo religioso caminham muito em direção a uma postura mais aberta, menos ritualista, e mais vivencial [...] Incomodam-me muito os comportamentos marcados pela radicalização e fechamento de idéias principalmente no campo religioso. [...] Vejo nas religiões um movimento bem semelhante ao pensamento capitalista, onde se briga e até se mata por uma propriedade que todos julgam ser sua. Verdade nenhuma pertence a ninguém [...] todos tentamos alcançá-la. E muitas vezes nesta busca, nos perdemos no meio do caminho".

Daniela ilustra a superação das rotinas nessa fase.

Daniela (48): "Penso que a marca dessa mudança foi o desejo de fazer as coisas menos 'automaticamente'. A tentativa de ir mais fundo significava também conhecer mais a respeito das questões que envolviam a religião católica. 'Entender' melhor [...] o sentido [...]"

* * *

Esse processo tende a se radicalizar na seqüência com o adulto mais idoso até, quem sabe, os 80 anos. Mas muda o foco. A pessoa é chamada agora a aprofundar a libertação a partir de todos os apegos. Até mesmo os sentidos pessoais se relativizam, pois a libertação passa a ser o equivalente ao desapego (Amatuzzi, 2000). A confiança básica a leva a descobrir a vida simplesmente, além de todos os apoios externos. Se a pessoa supera esses desafios a religião se apresenta com uma pureza, digamos, muito grande. Religião e vida se unem profundamente e, de certa forma, se confundem (Oser e Reich, 1996). Estar re-ligado é viver. Viver é estar re-ligado. O sistema de orientação, especificamente religioso ou não, se relativiza ainda mais, juntamente com todos os aspectos externos ou rígidos, mesmo quando eles continuam a ser usados.

Podemos falar de uma **religião de vida**, por um lado, e, por outro, de uma **religião rígida, presa a esquemas**, quando aquela libertação dos apegos não chega a ocorrer.

O depoimento de Mariana é belo pela sua simplicidade. Mostra como ela mesma já não é o mais importante. Um decentramento de si, digamos assim.

Mariana (74): "Deus para mim é tudo, eu já recebi muitas graças, eu creio muito em Deus. Eu rezo muito, tenho minhas orações, faço grupo de terço, tem um outro grupo de reza para Nossa Senhora da Aparecida, que tem uma imagem de uma santa que vai passando [...] Eu acho que a religião está acima de tudo porque uma pessoa sem religião não é nada, é uma pessoa que não pode contar com nada, porque o que ela vai contar se ela não tem religião".

Apesar de uma dificuldade de sair de si e abrir-se para o outro, como vimos, Norival identifica a religião com a vida, além das exterioridades institucionais.

Norival (81): "Minha religião? A vida!..."

Seria muito ilustrativo termos mais depoimentos dessa etapa e da próxima.

* * *

Colocamos como última etapa nesse desenvolvimento a proximidade da morte. Em uma vida bem vivida ela tende a ocorrer após os 80 anos.

Nessa situação a pessoa vivencia momentos muito especiais em termos de desenvolvimento religioso ou humano pessoal. O desafio é, na verdade, passar da vida individual para algo radicalmente diferente, e entregar-se em paz. Caso ocorra isso haverá uma progressiva transcendência do eu empírico com a aceitação da autodissolução, e uma **abertura para o totalmente outro**. A entrega absoluta se constitui no supremo ato religioso (ou implicitamente religioso quando a referência ao transcendente não é conceituada). A revolta e a **tentativa de segurar-se** (sobretudo quando a pessoa sente que a vida não foi bem vivida como poderia ou deveria) podem tornar os últimos tempos, ou o ato de morrer, extremamente tormentosos. Mas também é possível que a iminência da passagem reconstrua totalmente, na aceitação, as respostas aos desafios da vida. Religião e vida humana não mais se distinguem experiencialmente (embora possa haver conceitos que não atendam à totalidade dessa experiência).

Morrie Schwartz tem uma doença incurável, está bem próximo de morrer e sabe disso. Nos seus últimos meses de vida deu entrevistas para seu antigo aluno, o jornalista Mitch Albom. Esse trecho é tirado do livro de Albom sobre Morrie:

Morrie extraía ensinamentos de todas as religiões. Nasceu judeu, mas tornou-se agnóstico na adolescência, em parte por causa de tudo que lhe acontecera quando criança [perdeu a mãe muito cedo, seu irmão teve poliomielite; nessa época viveram na penúria]. Apreciava alguns ensinamentos do budismo e do cristianismo e, culturalmente, ainda se sentia à vontade no judaísmo. Era simplório em matéria de religião, o que fez dele um espírito ainda mais aberto para todos os alunos que teve. E o que dizia nos derradeiros meses de sua vida na terra transcendia as diversidades religiosas. A morte consegue fazer isso. (Albom, 1998, p. 84)

A expressão "transcendia as diversidades religiosas", no trecho acima, fala em favor da relativização dos aspectos institucionais, dando continuidade à etapa anterior, e ao mesmo tempo sugere uma entrega, mesmo sendo Morrie um agnóstico. Pouco antes de morrer, já acamado, ele conta uma história a Mitch:

> É a história de uma ondazinha saltitando no oceano, divertindo-se a valer [...] até que dá com outras ondas na frente, arrebentando-se na praia. / "Meu Deus, que coisa horrível! [...] É isso que vai acontecer comigo!" Aí chega outra onda. Vê a primeira, que está triste, e pergunta: "Por que está triste?" / "Você não está entendendo", diz a primeira onda. "Vamos todas arrebentar! [...] acabar em nada! Não é horrível?" / Responde a segunda onda: "Não, você é que não está entendendo. Você não é uma onda, você é parte do oceano." / [...] Parte do oceano – diz. Parte do oceano. / Fico olhando a respiração dele, inspirando, expirando, inspirando, expirando. (Albom, 1998, p. 172)

* * *

Ao terminar esse percurso exploratório podemos dizer que o que se esboçou, como teoria, é bastante provável. Foi possível confirmá-lo em quase todos os pontos por esses depoimentos de histórias religiosas. Em resumo, poderíamos dizer que as principais variações nas posições religiosas se apresentam como possibilidades opostas para cada etapa de vida: 1) posição dos pais bem definida, ou não bem definida; 2) apropriação de significados radicais por meio de objetos simbólicos, ou falsos símbolos expressando apenas crenças; 3) apropriação dos significados englobantes por meio de histórias, ou desenraizamento; 4) posição religiosa assumida do grupo de identificação, ou posição religiosa conservadora de padrões anteriores; 5) posição religiosa pessoalmente assumida, ou convencional; 6) posição que se expande no meio, ou fechada e estéril; 7) posição com sentido pessoal, ou presa a aspectos externos; 8) posição que se identifica com o viver, ou conceitual rígida; 9) abandono ou entrega voluntária ao totalmente outro, ou tentativa de retenção. Essas posições incluem tanto a religião no sentido estrito como a re-ligação no sentido amplo. Qualquer que seja a posição, ela terá influência nas etapas seguintes. Contudo, também é verdade que a qualquer momento é possível recuperar experiências perdidas, embora isso deva ocorrer em circunstâncias excepcionais.

Seria interessante entrevistarmos mais pessoas, principalmente de outras tradições espirituais, também crianças e adolescentes, e pessoas próximas da morte. Isso enriqueceria bastante nossas descrições. E provavelmente viria mostrar que os conceitos aqui ilustrados por essas histórias, ligadas de alguma forma à tradição cristã, seriam também ilustrados por outras histórias bastante diferentes, de pessoas ligadas a outras tradições, religiosas ou não.

Referências Bibliográficas

ALBOM, M. *A Última Grande Lição* – O Sentido da Vida. 9ª ed. Rio de Janeiro: Sextante, 1998.

AMATUZZI, M. M. O Desenvolvimento Religioso: uma Hipótese Psicológica. *Estudos de Psicologia*, 17(1): 15-30, 2000.

CAMINO, C. P. dos S. Educação Moral: Doutrinação ou Debate? In: MOURA, M. L. S. de; CORREA, J. e SPINILLO, A. (orgs.). *Pesquisas Brasileiras em Psicologia do Desenvolvimento*. Rio de Janeiro: Ed. UERJ, p. 111-139, 1998.

CLÉMENT, C. *A Viagem de Théo* – o Romance das Religiões. São Paulo: Companhia das Letras, 1998.

ERICKSON, E. H. *O Ciclo de Vida Completo*. Porto Alegre: Artmed, 1998.

FOWLER, J. *Estágios da Fé*: a Psicologia do Desenvolvimento Humano e a Busca de Sentido. São Leopoldo: Sinodal, 1992.

FRANKL, V. E. *Psicoterapia e Sentido da Vida:* Fundamentos da Logoterapia e Análise Existencial. Tradução Alípio Maia de Castro. São Paulo: Quadrante, 1973.

_____. *Um Sentido para a Vida:* Psicoterapia e Humanismo. Tradução Victor Hugo Silveira Lapenta. Aparecida: Ed. Santuário, 1989.

FROMM, E. *Análise do Homem*. 9ª edição. Tradução Octávio Alves Velho. Rio de Janeiro: Zahar, 1974.

GAARDER, J.; HELLERN, V. e NOTAKER, H. *O Livro das Religiões*. São Paulo: Companhia das Letras, 2000.

JUNG, C, G. *O Eu e o Inconsciente*. Tradução Dora Ferreira da Silva. Petrópolis, Vozes, 1979.

MASLOW, A. H. (s.d.). *Introdução à Psicologia do Ser*. Rio de Janeiro: Eldorado.

OSER, F. K. e REICH, H. Psychological Perspectives on Religious Development. *World Psychology*, 2(3-4): 365-396, 1996.

PIAGET, J. *Seis Estudos de Psicologia*. Tradução Maria Alice Magalhães D'Amorim e Paulo Sérgio Lima Silva. Rio de Janeiro: Forense-Universitária, 1967.

WULFF, David M. The Psychology of Religion: An Overview. In: SHAFRANSKE, E. P. *Religion and the Clinical Practice of Psychology*. Washington, DC: American Psychological Association, p. 43-70, 1996.

Capítulo 6

UMA PSICOTERAPIA ALÉM DA IDÉIA SIMPLISTA DO AQUI E AGORA

Valdemar Augusto Angerami

Introdução

A idéia deste capítulo é analisar, em termos de discordância, uma acusação crítica revestida de bases simplistas, que imputa à prática da psicoterapia fenomenológico-existencial o conceito de ater-se somente aos aspectos do aqui e agora do paciente.

Esse conceito, inicialmente, era imputado à Gestalt, em razão de seus principais autores enfatizarem o desenvolvimento de técnicas que valorizavam os aspectos do presente sem, no entanto, desvincularem o seu passado. Passou-se então a definir a Gestalt Terapia como a prática do "aqui e agora", definição que seqüencialmente foi expandida para todas as demais vertentes do pensamento existencial.

A defesa dos princípios da Gestalt Terapia certamente será exercida com muito mais eficácia pelos seus próprios seguidores, cabendo-nos, assim, apenas a defesa da psicoterapia fenomenológico-existencial de acusações tão simplistas e que, no mínimo, denotam desconhecimento teórico de seus críticos. Ademais, tais críticas trazem em seu bojo a idéia subjacente de que todo o sofrimento de nossa vida presente tem sua "causa" originada no passado. E, portanto, as psicoterapias que trabalham apenas com outros conceitos do "aqui e agora" serão *superficiais* e não terão condições assim de atingir a verdadeira essência de sofrimento de paciente.

Na realidade, essas conceituações seriam apenas hilárias e derivadas de um desconhecimento teórico de nossas práticas, não fosse o caráter destrutivo de que são revestidas. Assim vamos encontrar até mesmo nos meios acadêmicos, em que as divergências conceituais não deveriam ser nada mais que isso, colocações que mostram a psicoterapia de base fenomenológico-existencial como uma prática superficial e sem consistência teórica adequada para fazer frente aos sofrimentos trazidos pelo paciente.

Inicialmente é importante que façamos uma distinção bastante clara dos nossos pressupostos existencialistas, para que possamos, assim, separar o joio do trigo.

Colocamos em um texto anterior (Angerami, 2002) que muitas práticas, na falta de qualquer fundamentação teórica, e não tendo consistência formal com nenhuma teoria, simplesmente, se definem como existenciais. Neste texto colocamos, inclusive, que práticas como a Biodança são definidas como existenciais com um total distanciamento dos fatos. Nesse sentido essas práticas não podem ser alvo de nossas reflexões porque sequer são existencialistas de fato. A nossa preocupação, assim, será com as práticas que tenham verdadeiramente embasamento nos princípios existencialistas. O que, seguramente, já é uma tarefa bastante árdua na medida em que esse conceito já foi propagado em uma escalada além da própria razão. E, como sempre ocorre, as críticas destrutivas se alastram com um vigor muito maior do que qualquer elogio. Basta simplesmente que venhamos a público falar da prática da psicoterapia fenomenológico-existencial e que, quando se abrem as discussões e perguntas sobre o que foi discorrido, sempre surjam perguntas sobre como a nossa abordagem pode ser decididamente eficaz se ela apenas trata de questões do "aqui e agora". E sequer adianta enumerarmos as diversas publicações em que discorremos da nossa prática e que, seguramente, mostram o contrário, pois a propagação de tais conceitos já se espalhou com a velocidade de um caminho de pólvora.

No entanto é preciso salientar que muito dessas críticas vem de pessoas que simplesmente atacam os princípios da psicoterapia existencialista sem qualquer fundamentação filosófica. E de maneira irascível atacam a nossa prática psicoterápica enfatizando que o melhor modelo teórico é simplesmente aquele que praticam. O mais hilário nessas situações é que somos criticados pelo fato de lançarmos de modo contumaz críticas muito severas a outros modelos teórico-práticos. Entretanto, embora as nossas críticas sejam realmente muito cáusticas e, às vezes, até bastante contundentes, elas sempre são alicerçadas em pontuamentos teórico-filosóficos, em contraponto com o dimensionamento fenomenológico-existencial.

Intencionamos sempre a fuga de críticas simplistas embasando nossas pontuações em fatos que de alguma maneira mostram a falta de consistência teórica dos postulados que criticamos. Embora saibamos que a identificação com determinada teoria nada mais é do que a identificação com o nosso conceito de mundo, valores e homens, ainda assim é necessário que qualquer crítica seja feita em níveis de pontuamentos teórico-filosóficos e não simplesmente em cima de razões irascíveis e desprovidas de qualquer sentido pertinente ao embate intelectual lançado no campo das idéias.

Nesse sentido somos a teoria que abraçamos para a nossa prática clínica, e qualquer crítica que se faça a um será concomitante ao outro. É esse o aspecto mais delicado em nossas análises, o de que as possíveis críticas a tantas explanações teóricas fiquem apenas no campo das idéias e não transpassem jamais para o campo das relações interpessoais. Nesse aspecto é significativo o ocorrido com uma aluna que ficou estupefata ao saber que um dos meus melhores amigos era um profissional que atuava sob a égide cognitivo-comportamental. E, mesmo diante dos meus argumentos de que, inclusive nos livros que organizava na área da saúde e hospitalar (Angerami, 2003), sempre contemplava capítulos com autores de outras abordagens teóricas para que os leitores pudessem, então, fazer sua própria síntese diante de diferentes abordagens teóricas, ela se mostrava desolada. Ela não se conformava com esse enredamento, argumentando que no seu modo de conceber os fatos era impossível esse tipo de relacionamento interpessoal. É como se pudéssemos conviver apenas com quem segue os mesmos valores de mundo que os nossos. Felizmente, no entanto, a divergência desses valores não a impede de um relacionamento interpessoal enriquecedor. É fato, no entanto, quando se trata de aglutinar autores que escrevem a partir da ótica fenomenológico-existencial, para um livro que trata de temas escritos a partir dessa ótica, que apenas os autores existencialistas poderão ser chamados a participar dessa empreitada.

De outra parte, não podemos perder de vista o fato de que, apesar das possíveis divergências teóricas, todos devemos estar irmanados em um ideal maior que é a construção de uma sociedade mais justa, fraterna e igualitária. Possíveis divergências teóricas, assim, serão passíveis de ser balizadas apenas e tão-somente na escolha de nosso instrumental de intervenção psicoterápico, não podendo, jamais, ser igualmente fator excludente na busca de uma sociedade mais justa. E também já colocamos em um texto anterior (Angerami, 2003) que todas as psicoterapias são igualmente eficazes e que a sua escolha, portanto, deveria derivar apenas e tão-somente pela identificação que tenhamos com ela. O que não podemos, entretanto, é aceitar críticas infundadas sobre a nossa prática que, além de tentarem nos desqualificar profissionalmente, ainda nos colocam na vala comum em que são atirados todos que possuem prática sem nenhum embasamento teórico-filosófico. Repito, não somos contrários a nenhum tipo de crítica conceitual, até porque, ao longo desses anos, publicando tantos livros nos quais também criticamos livremente as teorias que se mostram diferentes à nossa concepção de valores, igualmente temos que aceitar quem divirja das nossas idéias e também teça críticas a elas. O que não podemos abrir mão é que tanto as críticas que fazemos como a que recebemos sejam fundamentadas em princípios teórico-filosóficos consistentes. E que também tragam um balizamento severo dos princípios de ética que estabelecem parâmetros às nossas práticas profissionais. Do contrário, é como já afirmamos exaustivas vezes: as críticas sempre são bem-vindas, pois elas nos levam ao crescimento pessoal e intelectual com muito mais veemência do que comentários elogiosos que simplesmente nos fazem estagnar em nosso estágio de desenvolvimento.

De outro modo, e nunca é demais repetir, que até mesmo nas lidas existencialistas teremos divergências teórico-filosóficas, pois dentro desses caminhos também haverá bifurcações que irão nos direcionar para caminhos excludentes. Colocamos em um texto anterior (Ibid. op. cit.)

que tínhamos discordância do pensamento de Heidegger, pelo tanto que ele se mostrava reacionário e impermeável à idéia de permitir que o homem fizesse a sua própria historicidade. Se considerarmos que os heideggerianos são maioria dentro dos caminhos existencialistas, teremos uma pequena idéia do desconforto que os nossos escritos provocaram. Isso, no entanto, não impede que eles continuem participando de nossas publicações, como este próprio livro é exemplo.[1] Apenas procuramos por caminhos que se afinem com a nossa concepção de valores, ou, como dizia o poeta,[2] "por caminhos onde bate mais forte o coração..."

Não se trata de pulverizar as lides existenciais, tão poucas e com tantas dificuldades de se mostrar no meio acadêmico, mas se trata, simplesmente, de sermos fiéis às nossas crenças, por menores que sejam e até mesmo por pequenas que se mostrem diante da avalanche de publicações das demais correntes teóricas. Tampouco importa que possamos ficar sozinhos em nossa caminhada; o importante é que sejamos fiéis às nossas convicções, de tal modo que ao defendê-las estejamos igualmente caminhando em direção à nossa própria libertação, pois acima de qualquer preceito estaremos lutando com o ardor de nossas convicções para o enfeixamento de um construto teórico-filosófico decididamente libertário.

Vamos, então, discutir e alinhavar uma reflexão pormenorizada sobre tais fatos, esperando assim contribuir de modo significativo para a sua total erradicação.

1 - Reflexões Iniciais

Ao debruçarmos sobre a questão do "aqui e agora", deparamo-nos inicialmente com questões que nos colocam em um imbricamento, que é o nexo causal que nos direciona para o passado. Assim, tudo passa a ser explicado inexoravelmente a partir do passado, nada existindo no presente que não tenha necessariamente uma "causa" no passado.

A psicanálise, sendo uma das mais influentes correntes de pensamento contemporâneo, determina as diretrizes para que a quase totalidade das

---
[1] Tanto este livro como outros anteriores possuem trabalhos de autores embasados na perspectiva heideggeriana.
[2] *Caminhos do Coração*, letra e música de Gonzaguinha.

correntes teóricas da psicologia, mesmo aquelas que se colocam em divergência aos seus princípios, direcionem seus postulados de compreensão da condição humana para fatos ocorridos no passado. A infância, assim, ganha níveis de significância que a tornam soberana diante de outras fases do desenvolvimento humano. E não se trata de simplesmente negar a importância da infância e de outras fases em nossas vidas, mas de colocarmos outro olhar nessa tentativa de compreensão da existência. Ocorre, no entanto, que ao fixarmos apenas na infância toda base de nossa estrutura existencial, incluindo aí todas as determinantes de nossa estrutura emocional, desprezamos outros momentos da vida que igualmente dão contorno ao nosso constitutivo humano.

Durante o VI Congresso Brasileiro de Psicoterapia-Existencial, realizado em São Paulo, em junho de 2001, houve uma mesa-redonda em que profissionais de diferentes óticas teóricas analisavam um caso clínico. A colega de ótica psicanalítica, ao analisá-lo, fez uma observação sintetizando sua base teórica e simplesmente afirmou: "Não há como discutir um caso sem conhecimento de como era a relação dessa paciente com a sua mãe durante a primeira infância. É lá que está situada toda a base de nossa estrutura emocional. Também é a partir de nossa relação de maternagem que vivemos outras relações em nossa vida. Desse modo não podemos falar em liberdade existencial, já que essa relação de maternagem determina nossa vida de modo irreversível" (sic). Essa idéia, embasada nos postulados teóricos de Melanie Klein, mostra de maneira evidente que estamos diante de um olhar que condena, de maneira indissolúvel, toda a nossa vida a partir daquilo que foi vivido durante o período de maternagem. Assim, não importa a minha idade nem tampouco as inúmeras vivências que eu tenha experienciado ao longo de minha vida, a única coisa que conta é a minha relação de maternagem. Escolhemos a visão kleineana por ser considerada uma das mais radicais, nessa forma de tudo analisar a partir da primeira infância, até mesmo dentro do campo psicanalítico. Evidentemente quando submetemos um caso clínico a um profissional dessa ótica teórica tecer algum comentário, seu foco de análise será imediatamente direcionado para a primeira infância. E como ocorre com a profissional acima citada, ao não possuir elementos sobre a relação de maternagem, simplesmente ignora-se o resto. Ressalte-se que não estamos negando a importância da infância, mas apenas nos recusamos a simplesmente aceitar o enredamento que situa nesse período todas as determinantes que nos direcionam a vida. E o que é ainda mais grave: vai determinar os meus passos ainda que eu não tenha consciência nem lembrança dessa fase da infância. Ah, dirão os incautos, trata-se de uma vivência que se efetiva por meio de "manifestações inconscientes". Assim tudo está plenamente resolvido, pois aquilo de que discordo e que não faça sentido na minha própria realidade existencial simplesmente é considerado "manifestação inconsciente" e dependerá, portanto, de um especialista para ser trazido ao nível do consciente. Ora, esse especialista nada mais fará do que evitar enquadrar as vivências do paciente ao seu parâmetro teórico. Nada mais! Uma simples discordância dessas teorias e restará desse atendimento apenas um punhado de divagações teóricas sem nenhum escopo com a realidade dos fatos. Escrevemos em um texto anterior (Angerami, 2002) um dos pontos em que as idéias kleineanas destoam de modo abissal da própria realidade dos fatos. Dissemos então de um trecho de sua obra que afirma textualmente que, quando estamos beijando os seios de uma mulher durante um ato sexual, estamos, na realidade, buscando pelo seio da mãe. É dizer que nada mais nos resta que não nos atermos às questões da maternagem para entendermos tudo, absolutamente tudo, que envolve a nossa vida.

De outra parte, em outro momento de congresso, participei de uma mesa-redonda que versava sobre a temática do suicídio, quando um dos integrantes da mesa, um dos maiores nomes na área do Brasil, simplesmente disse que todos os componentes da mesa eram psicoterapeutas que lidavam com casos de tentativa de suicídio em razão de problemas com a maternagem ocorridos durante a primeira infância. E, mesmo diante da negativa dos outros componentes da mesa, desviando, inclusive, a temática principal que era suicídio, não houve jeito para que esse colega aceitasse as nossas divergências sobre o imbricamento psicoterapeuta-maternagem que era exibido com tanta convicção.

Pode-se observar pelas citações acima que, diante dessa ótica de análise, nada, absolutamente nada, escapa dos desígnios da maternagem. Dessa forma, o enfoque que darão em sua psicoterapia será de absoluta proeminência a esse período, pois tudo está sedimentado aí. Assim, teremos condições de inferir que alguém que tenha vivido uma relação saudável de maternagem estará fadado a grandes sofrimentos por toda a vida. Tudo será uma mera e frustrada tentativa de reviver os aspectos da maternagem. Em vão, pois a nossa totalidade senso-perspectiva jamais se repete e, portanto, não nos permite efetivar circunstâncias que possam fazer com que sintamos a mesma emoção, até diante de um fenômeno igual.

Esse aspecto de tentar fazer com que o paciente possa "reviver" situações do passado tem de ser colocado entre muitas aspas, primeiramente porque não é possível reviver nenhuma situação em toda a sua plenitude emocional, até mesmo cênica, e depois porque o que acontece, de fato, é um processo apenas intelectual daquilo que foi vivido. Seguramente nesse processo de rememoração é vivido apenas aquilo que a senso-percepção do paciente alcança, sendo que não é dada à própria condição humana a capacidade de rememoração integral de suas emoções passadas (Angerami, 2003). Dessa forma, tentar levar um paciente a reviver situações da primeira infância que envolvam questões da maternagem é mero devaneio teórico sem qualquer tangenciamento com a realidade perceptiva do paciente. Então se percebe que estamos diante de uma mera digressão teórica que depende de uma fé inquebrantável para se tornar real.

Buscar no passado explicações para os fatos do presente, antes de outra conceituação, é, na realidade, um pequeno tangenciamento da verdadeira dimensão da condição humana. Somos muito mais que um simples esboço do nosso passado. Merleau-Ponty (1999) ensina que da mesma maneira, apesar de meu passado contrair em si mesmo o tempo escoado e o tempo por vir, ele só o possui em intenção, e se, por exemplo, a consciência que tenho agora do meu passado me parece recobrir exatamente aquilo que ele foi, esse passado que pretendo repreender ele próprio não é o passado em pessoa, é meu passado tal como o vejo agora, e talvez eu o tenha alterado. Igualmente, talvez no futuro eu não reconhecerei o presente em que vivo. E podemos perceber diante dessas idéias que o passado que podemos conceber e conceituar é apenas aquele que consigo apreender em minha consciência. Aquelas vivências às quais as recordações não são acessíveis, portanto, sequer podem ser conceituadas nesse bojo, nem tampouco podem estar influindo sobre a minha realidade presente, até porque não existem em meu universo senso-perceptivo. O passado é conceituado por intermédio da minha senso-percepção com todas as suas limitações, inclusive a da alteração dos fatos. Assim, e voltando a uma das citações anteriores, como posso estar procurando pelos seios da minha mãe quando beijo uma mulher durante o ato sexual, se não me é dado, pela minha própria condição humana, o enfeixamento senso-perceptivo necessário para efetivar tal recordação, e em seguida fazer uma conexão com a realidade de um ato sexual no presente?! Não é possível essa configuração de fatores pelas nossas limitações senso-perceptivas. Merleau-Ponty assinala que o presente ainda conserva em suas mãos o passado imediato, sem pô-lo como objetivo, e, como este retém da mesma maneira o passado imediato que o precedeu, o tempo escoado é inteiramente retomado e aprendido no presente. O mesmo acontece com o futuro iminente, que terá, ele também, seu horizonte de iminência.

É dizer que nossa realidade presente é indissolúvel de nossas vivências passadas, assim como também o são nossas perspectivas de futuro. Muitas vezes o nosso sofrimento localiza-se diante de nossas perspectivas de futuro, comuns naquelas situações de angústia, ou mesmo nos casos de pânico, em que o paciente sofre diante de possibilidades que a perspectiva de futuro abre em seu nível de subjetivação. E sem necessariamente terem conexão com as vivências da infância. Não podemos nos distanciar do fato de que, embora o quesito auto-estima seja fundamental no constitutivo da personalidade humana, ele se modifica ao longo da vida e, igualmente, dá novas configurações a essa estrutura da personalidade (Angerami, 2003). E isso independentemente do que tenha ocorrido na infância.

Somos uma totalidade existencial que transcende o conjunto de fatos alojados em algum lugar do passado. A busca irascível empreitada pelas principais correntes da psicologia, sempre capitaneadas pela psicanálise, nada mais é do que um mero exercício simplista de citações dos fatos. Teoriza-se sobre o passado do paciente, e este, sem ter alcance ao senso perceptivo para o enfrentamento de tais teorizações, simplesmente sucumbe diante do poder soberano do psicoterapeuta. Cito como exemplo dessas observações uma vivência por mim experenciada na condição de paciente.

Na ocasião era graduando de psicologia e fazia análise na abordagem kleineana com uma renomada profissional. A minha senso-percepção a concebia como uma mulher bastante "velha", fato que se modificou totalmente alguns anos atrás quando a encontrei casualmente em um evento científico. A sua "velhice" derivava muito mais do distanciamento existente entre os nossos papéis do que de uma grande diferença cronológica de idade. O seu distanciamento era fruto de uma postura técnica, estruturada a partir de seu referencial teórico, pois em nosso último encontro ela se mostrou, surpreendentemente, afetuosa.

Mas vamos aos fatos. Em uma de nossas últimas sessões, após discorrer exaustivamente sobre a minha infância e após um ligeiro formigamento de uma das pernas, simplesmente coloquei: "Ih! minha perna dormiu...", o que de imediato fez com que ela pontuasse: "Você está querendo dormir comigo!" Olhei para ela atônito e fiquei estupefato com o estrondo daquela interpretação. Terminada a sessão fui embora com aquilo me martelando o cérebro, pois o meu desejo devia ser tão "inconsciente" que somente ela como psicoterapeuta poderia perceber. E eu sequer a considerava uma mulher atraente e, no entanto, possuía um desejo que certamente ia muito além da minha condição senso-perceptiva. Mas, como todo paciente que aceita as interpretações (ou delírios?!) de seu analista, lá estava eu surpreso com o fato de nada saber sobre o meu próprio desejo. E como alguém pode saber do desejo do outro mais que ele mesmo? E, de outra parte, se alguém deseja, para se configurar como desejo deverá desejar algo ou alguém. Se não tiver consciência do próprio desejo não poderá assim ser configurado, uma vez que não haverá, então, desejo. E se de fato desejo algo ou alguém esse desejo nunca poderá ser inconsciente, pois essa definição fará com que se perca a própria configuração de desejo. A própria etimologia dos dois termos – desejo e inconsciente – é excludente e não aceita essa junção, pois o desejo precisa necessariamente ser algo que pertença à consciência de modo indissolúvel. Mas voltemos aos desatinos das sessões da minha análise.

Na sessão seguinte, após muita reflexão, divagação e estupefação, decidido cheguei e expressei textualmente que ela havia cometido um grande equívoco em sua interpretação, pois ela não me despertava o menor interesse sexual e também me era impossível imaginar qualquer tipo de envolvimento entre nós nesse nível. E que se, de fato, tivesse algum tipo de desejo por ela era algo tão inatingível pela minha condição senso-perceptiva que não podia sequer ser definido como algo que estivesse realmente sentindo. E ela, então, impassível, do alto de sua sabedoria, e seu titubear acerca do "conhecimento absoluto" que tinha da minha pessoa, afirmou: "Você nega de modo insistente o desejo que você sente pela sua mãe" (sic). Então eu não tinha saída, era na verdade desejo pela minha própria mãe. E se o possível desejo sentido pela analista já me era suficientemente absurdo, pela minha mãe, então, ganhava contorno de algo dantesco, grotesco, estapafúrdio e hilariante.

Tentei argumentar em sentido contrário, mas qualquer coisa expressada era sempre rechaçada à luz de suas teorizações. Eu ainda esbocei fatos que me eram claros e que distanciavam dessas interpretações. Tudo sucumbia diante dos aspectos de maternagem por ela evocados. A maternagem tudo determinava e tudo então era explicado a partir da vivência na primeira infância.

De outra parte, e voltando às nossas análises iniciais, se alguém quiser contrapor os princípios de psicoterapia existencial com o modelo anteriormente descrito, e que por mim foi vivido ao longo de alguns anos, simplesmente afirmo que esse modelo não visa nem ao "aqui e agora" nem tampouco às "vivências do passado", sendo apenas um exercício deliróide de uma teoria ainda mais delirante. Imputar à mãe a responsabilidade de tudo que nos ocorre na vida é uma leviandade e uma inconseqüência teórica sem comparações com o que quer que seja. Nessa seqüência reflexiva podemos ainda afirmar que ficar buscando em um determinado esboço teórico explicações para o sofrimento do paciente nada mais é do que levá-lo a um patamar de sofrimento e indagações. Voltemos, então, ao exemplo da minha análise pessoal. Assim, ilustram-se tais idéias em que, depois de algum tempo tinha, além dos problemas que eram inerentes à minha própria vivência, indagações sobre a minha relação de maternagem, e que eram apenas e tão somente digressões teóricas. Frisa-se que a ninguém é dado, na condição humana, esse nível de apreensão absoluta do passado, que, no entanto, ocupava sessões e mais sessões em um exercício deliróide da psicoterapeuta. Inconsciente é a palavra mágica que tudo absorve e dá contorno a esses delírios. Tudo que não podemos alcançar em nossa realidade senso-perceptiva simplesmente é atribuído ao inconsciente. E pronto, nada mais precisa ser questionado, pois o inconsciente é uma zona tão poderosa que aloja tudo que não sabemos explicar.

Por outro lado, podemos perceber que essas correntes teóricas que se autodenominam "profundas", contrapondo que as demais são superficiais, nada mais fazem do que tentarem do modo irascível uma "escavação" aos conteúdos do passado alojados no "inconsciente" seguindo única e exclusivamente os seus princípios reducionistas. Na realidade, o que é chamado de "profundo" nada mais é do que a peregrinação de seus postulados teóricos diante da verdadeira realidade dos fatos que envolvem a condição humana. O determinismo de suas teorizações não é suscetível de nenhum tipo de verificação que não sejam os seus próprios postulados. São teorias vinculadas a uma concepção mecanicista do universo – pressão, compressão e vazão, por exemplo – a ponto de muitas vezes considerarem determinismo e mecanicismo idênticos. E com o agravante de que o seu determinismo é também um "universalismo". Assim, os postulados de suas teorizações, formuladas a partir dos princípios da psicanálise, construídas no final do século XIX, em Viena, servem indistintamente para explicar todos os homens do universo, independentemente de sua historicidade. E isso é simplesmente absurdo, para se dizer o mínimo. Mostramos em trabalho anterior (Angerami, 2003) como a nossa subjetivação está inexplicavelmente imbricada com a nossa historicidade, sendo, portanto, indivisível.

Essas teorias, ao ficarem escavando o passado, partem do princípio falso de "tudo já está dado" ou "todo acontecimento é uma conseqüência necessária de um acontecimento ou de uma série de acontecimentos anteriores" ou "o presente está impregnado no futuro", ou quando "todos os acontecimentos podem ser previstos" etc. (Mora, 2001). Na realidade, todas e cada uma dessas supostas definições largamente usadas pela psicanálise, e correntes embasadas em seus princípios, não só se prestam a inúmeras confusões, mas, além disso, e principalmente, acabam por dizer muito pouco sobre a condição humana.

A existência humana não é comparável a nenhuma das coisas ditas naturais, não podendo, pois, ser aplicável a tais categorizações. Se "tudo já está dado" não tenho, portanto, livre arbítrio para alterar as condições fundamentais da minha própria vida. Felizmente, os fatos estão a nos mostrar o tempo todo que somos livres para decidirmos a própria vida. O homem é um ser que se constitui a si mesmo (Angerami, 2003). E isso independentemente do modo como tenha ocorrido seu processo de maternagem. A minha condição humana me permite reconstruir a mim mesmo a cada instante e a qualquer momento.

O determinismo teórico que sedimenta no passado todas as implicações do presente tampouco assevera como essas escavações dos "escombros do passado alojados no inconsciente" poderão ajudar na reconstrução desse presente. E diante desses questionamentos as psicologias profundas simplesmente respondem que o "autoconhecimento não cura o paciente de seus sintomas, mas mostra a ele a sua origem" (Ferenczi, 1991). Salienta, ainda, que esse autoconhecimento pode ser traduzido como o modo pelo qual o paciente foi acoplado a uma determinada teoria, nada mais. Esse é o ponto que queremos aprofundar de maneira pormenorizada.

A quase totalidade das psicoterapias contemporâneas atua exatamente dessa forma: acoplando suas teorizações à realidade do paciente. Ou seja, quando um determinado paciente chega diante do psicoterapeuta, esse já possui toda uma explicação determinista e revestida de um universalismo incontestável que o explica, a despeito das peculiaridades que lhe são inerentes e que são advindas de sua historicidade. Assim todos teremos de modo indissolúvel conflitos edipianos, fálicos, orais etc., que de alguma forma estarão influindo no presente desse paciente.

Esses fatos seriam apenas hilários se igualmente não provocassem sofrimentos bastante contundentes. Para ilustrar tais citações basta evocarmos o exemplo da minha análise pessoal, citada anteriormente, quando a interpretação (ou delírio?!) da psicoterapeuta me deixou aturdido por longos dias e com questionamentos infindáveis sobre o relacionamento com minha mãe. Felizmente mandei a psicoterapeuta e seus delírios para o inferno. No entanto a questão que sempre vem à tona quando analiso tais fatos é como seria esse enredamento se, ao contrário, tivesse seguido em níveis seqüenciais o fruto de seus delírios. Não é sequer possível imaginar, pois a inconseqüência dessas interpretações são imprevisíveis, principalmente diante de pacientes em níveis acentuados de fragilidade emocional. Talvez seja o caso de aprofundarmos com mais detalhamento os casos de iatrogenia no campo da psicoterapia.

Tais interpretações são tão absurdas que podem provocar danos bastante comprometedores na estrutura emocional do paciente. Entretanto, em que pese a gravidade do que foi citado anteriormente, esses "delírios" interpretativos são feitos à luz de uma determinada teoria, o que torna até mesmo difícil a discussão sobre a sua abrangência.

Mas com o meu passado imediato tenho também o horizonte de futuro que o envolvia, tenho, portanto, o meu presente efetivo visto como futuro desse passado. Com o futuro iminente tenho o horizonte do passado que o envolvera, tenho, portanto, meu presente efetivo como passado desse futuro (Merleau-Ponty, 1999).

É dizer que o passado que alcanço em níveis senso-perceptíveis, é aquele que está alterando o meu presente em tanto de apreensão alcançada pela consciência. O passado que me determina o constitutivo do presente é aquele que está ao alcance da minha consciência. O que resta é devaneio teórico que não possui parâmetros para tocar a realidade ainda que tangencialmente. Como mostramos anteriormente, se ficarmos buscando na maternagem os determinantes para a nossa vida, estamos na realidade exercitando um construto teórico estruturado de modo arbitrário, nada mais. E, como diz Van Den Berg *apud* Angerami (2003), quando buscamos evidência de um fato certamente iremos encontrá-lo. E isso a despeito de essas teorizações não considerarem sequer a própria realidade dos fatos. Assim, um processo psicoterápico sedimentado em teorias que localizam no passado a origem de toda sorte de ocorrências humanas ficará escarafunchando as observações do paciente em busca de indícios que correspondam aos seus princípios. Ao cairmos, então, nas discussões que debatem o conceito de "inconsciente" para justificar o desconhecimento do passado por parte do paciente, estamos de fato lançando-o em uma área em que ele estará totalmente imobilizado, pois a proeminência dos construtos teóricos, aliados ao "saber absoluto" do psicoterapeuta, será soberana e indiscutível diante de seus sentimentos. Como ocorre com os pacientes que ousam discordar do "saber absoluto" do psicoterapeuta, sua discordância será enquadrada no quesito "resistência", ou seja, quem sabe dos sentimentos do paciente, menos modelos teóricos, é apenas e tão-somente o psicoterapeuta ou, melhor dizendo, seu esboço teórico que era preexistente ao paciente e que simplesmente a ele foi acoplado durante o "processo psicoterápico".

Dentro desse reducionismo teórico, em vez de se buscar no passado toda a origem de nossas desestruturações emocionais, poderíamos também, e nada nos impediria de criar mais uma teoria, por mais esdrúxula que fosse, elaborar uma teoria que localizasse na maneira que tivemos as primeiras trocas de fraldas, e o conseqüente toque em órgãos genitais, a explicação para toda a nossa desenvoltura sexual. E se essas observações podem ser consideradas absurdas, basta lembrarmos que já existem teorias que localizam o nosso sofrimento atual em vidas passadas e outras que o situam no momento do nascimento – a Terapia do Grupo Primal. O passado foi uma escolha arbitrária dentro do determinismo concebido por Freud a partir do modelo teórico emprestado da Hidráulica e que se propagou por diferentes campos teóricos. Poderíamos assim também conceber um determinismo da sexualidade a partir das primeiras trocas de fraldas. Certamente depois de algum tempo teríamos inúmeros seguidores que, além de propagarem as nossas teorias iniciais, iriam sistematizar com pesquisas científicas, realizadas com bebês nos berçários de grandes hospitais, o acerto de nossas afirmações. Assim poderíamos explicar todos os aspectos que envolvem a sexualidade e que estão... à nossa compreensão. Explicaríamos, dessa forma, uma das maiores polêmicas envolvendo a sexualidade humana, que é a condição homossexual. Também teríamos respostas para as práticas sexuais diferentes como as sadomazoquistas etc. E por mais dantescas que essas idéias possam parecer, não temos dúvida de que, se fossem realmente lançadas, muitos teóricos passariam a estudá-las, ainda que fosse para posteriormente rechaçá-las. Poderíamos, então, chamar a nova teorização de Princípios da Sexualidade a partir de Estudos das Primeiras Trocas de Fraldas, ou preferir um título mais técnico: A Sexualidade nos Primeiros Toques Genitais.

Embora estejamos fazendo um exercício surrealista com essas citações, elas guardam similaridades muito além do que podemos conceber com as outras construções teóricas que buscam de modo irascível situar no passado toda a compreensão da condição humana. Igualmente uma teoria que busca ocorrência em possíveis vidas passadas está em um patamar tão absurdo e surrealista como a nossa teorização sobre fraldas. E assim como a nossa teoria das fraldas tampouco precisa de tangências, ainda que minimamente, pontos da realidade para ganhar consistência e abrangência além de seus próprios pontos deliróides. Citamos em texto anterior (Angerami, 2003) um caso clínico por nós atendido e oriundo de uma psicoterapia embasada nos princípios da Terapia de Vidas Passadas. Esse paciente foi comunicado pela psicoterapeuta que, em outra vida, havia sido filho de sua atual esposa, daí a origem de tantos conflitos e desatinos presentes na relação conjugal. O inconformismo desse paciente, que sequer acreditava em princípios reencarnacionalistas, era tão grande que o seu desolamento era tanto e com muito custo procurou por outra psicoterapia. E sempre querendo muitas garantias de que nós não iríamos empreitar nenhuma aventura reencarnacionalista. Ora, se é possível teorizar-se nesse nível deliróide a ponto de afirmarmos ocorrências de uma possível outra vida, igualmente podemos delirar sobre a importância das primeiras trocas de fraldas em nossas vidas. É tudo uma questão muito simples, a de se aceitar qual delírio tem mais afinidade com a nossa concepção de valores. E assim, ao lado da TVP – Terapia de Vidas Passadas, teríamos também a TPF – Terapia das Primeiras Fraldas.

De outra parte, se as nossas teorizações sobre as primeiras trocas de fraldas interessarem a algum kleineano, ou até mesmo a algum psicanalista ortodoxo, poderíamos juntar, então, questões edipianas. E, portanto, teríamos uma teoria que mostraria a maternagem e as fases tão divididas pelos psicanalistas, oral, anal e fálica. Isso sem falarmos das questões edipianas. Portanto, teríamos uma teoria que mostraria que a maternagem bem conduzida teria maneiras específicas para o manuseio das fraldas. Evitaria assim que conflitos edipianos dos pais em sua infância pudessem se refletir no modo como esses manuseiam as fraldas de seus filhos. E o que é mais fantástico, ainda, até as fantasias "inconscientes" dos pais sobre o desempenho de seus papéis poderia também estar evidenciado no trato com as fraldas.

De outro lado, teríamos o patrocínio das multinacionais fabricantes de fraldas para novas pesquisas sobre as nossas teorizações, assim como fazem as indústrias farmacêuticas ao aliciarem profissionais da saúde para estudarem e pesquisarem entidades nosológicas segundo seus interesses. Com novas verbas para pesquisas, nossas teorizações seriam ainda mais revolucionárias, pois estariam, assim, escudadas sob a égide sagrada do cientificismo. As jovens mães acompanhariam, então, pela mídia, a orientação de profissionais da saúde, que estariam mostrando a melhor forma de manusear as fraldas de seus filhos para que esses não tenham sérios "traumas" quando estiverem na vida adulta. Como estaríamos indo ao encontro de interesses econômicos de poderosas multinacionais, tal qual ocorre com as indústrias farmacêuticas, teríamos muitos espaços no meio acadêmico como também nos diferentes segmentos da mídia. Tudo isso muito bem embasado pelos princípios da ciência por meio de seu determinismo no campo das pesquisas. Também poderiam ser criados novos modelos de fraldas visando a um efeito psicoprofilático para diferentes tipos de possíveis "traumas". O próprio conceito de "trauma psicológico" seria modificado a partir dos interesses das multinacionais fabricantes de fraldas, pois dessa maneira estariam assegurados novos investimentos na mais revolucionária das teorias sobre a primeira infância. E, se as multinacionais farmacêuticas investem maciçamente em pesquisas para o lançamento de novos medicamentos a cada dia, mesmo que isso custe até novas conceituações dos sintomas e até da etiologia das entidades nosológicas,[3] por que então as multinacionais que fabricam fraldas não poderiam igualmente trabalhar no campo de pesquisas sobre o manuseio das fraldas na primeira infância?! É tudo uma questão de mudança de ótica teórica, pois se as nossas divagações sobre fraldas é delirante, a criação de novos conceitos e sistemas em doenças mentais (Kierkegaard, 2001) também o é. Realmente estamos delirando ao buscar no manuseio de fraldas a explicação para os desatinos da vida, mas quem igualmente a busca na maternagem ou em possíveis vidas passadas também está. É delírio a idéia de se criar a Terapia das Primeiras Fraldas, mas a criação do organômetro – instrumento criado pelos neo-reicheanos para medir a nossa capacidade orgástica – também o é. Deliramos em nosso devaneio teórico sobre as fraldas, assim como deliram os psicanalistas buscando os "traumas inconscientes" que tiveram origem na infância, ou minimamente em outra fase do passado. Tudo é delírio nessas explanações teóricas. Tudo é inconsistente e irreal.

2 - A Psicoterapia sob um Novo Olhar

A nossa proposta de psicoterapia nos remete à questão da temporalidade. É necessário, então, aprofundar com o paciente como tem sido a vivência do seu presente, como lida com as expectativas e perspectivas do futuro, e o que traz do passado para o presente que ainda provoca sofri-

---
[3] Abordamos a questão das doenças mentais apenas e tão-somente por estarmos avaliando a temática da psicoterapia, mas seguramente essas reflexões atingem qualquer outra área da medicina que igualmente recebe fartas verbas das pesquisas das multinacionais farmacêuticas.

mento. Kierkegaard (2003) ensina que uma das formas de sofrimento da condição humana é o desespero do imediato, que ele define, então, como um modo de não se querer ser si próprio. E nas diferentes configurações estabelece que existe o agravante para essa forma de desespero que é não querer ser um eu, ou ainda uma forma inferior a todos, desejar ser outro, aspirar a um novo eu. O passado tão freqüente nas colocações das pessoas é a ilusão dos novos esboços ao futuro.

Ao afirmarmos que o paciente pode trazer vivências do passado que ainda provoquem sofrimento no presente não estamos querendo dizer, então, que se trata de um possível "trauma" do passado. Na realidade, somos uma totalidade temporal com o meu passado seqüenciando o meu presente, que por sua vez seqüenciará o meu futuro. O meu passado é tanto a minha infância guardada em algum canto da memória, como também os minutos anteriores que precederam ao início desta escrita. Mas o passado distante, dirão os incautos, poderá guardar em seu bojo os determinantes do nosso sofrimento atual. Repondo simplesmente que os níveis de sofrimento presentes na condição humana de modo ontológico – angústia, tédio, solidão etc. – estão presentes em todas as nossas fases de desenvolvimento, e isso independentemente de nossas vivências passadas. Até mesmo discorremos em texto anterior (Angerami, 2003) sobre o fato de como crianças, na mais tenra idade e sem qualquer distinção de raça e condição socioeconômica, estão atiradas ao raio de ação do desespero humano pelos níveis de sofrimento ontológicos acima citados. Buscar, assim, um momento "traumático" é algo que só encontra guarida na desrazão dessas teorias deterministas que tudo explicam sem, no entanto, sequer tocar a realidade da condição humana.

Nesse sentido, vamos perceber, ainda, que a maioria das correntes da psicoterapia trabalham com a idéia de que a pessoa possui uma estrutura emocional que foi sedimentada na infância, o que significa dizer que sua proposta de intervenção será, então, localizar os momentos "traumáticos" para, assim, ter uma compreensão de sua personalidade.

O ponto inicial de falta de consistência desses postulados é o princípio, citado anteriormente, de que "o autoconhecimento não equivale à cura", e mesmo assim é necessário se acreditar cegamente em seus postulados de estrutura de personalidade. Dentro desses mesmos postulados existe uma enorme contradição, pois se buscam exaustivamente no passado os chamados momentos "traumáticos" para depois, simplesmente, concluir que o "autoconhecimento não equivale à cura". Então, para que escavar o passado em busca de material alojado no "inconsciente"?! E tais críticas, embora cáusticas, são feitas sem que evoquemos Foucault, para quem a clínica psicanalítica é apenas uma forma de alienação do paciente ao que é exigido e imposto pela ideologia dominante para que não ocorra uma transformação substancial de valores sociais.

De outro lado, Van Den Berg (Angerami, 2001) ensina que o inconsciente é uma palavra, de fato, enganadora, pois sugere que o seu conteúdo esteja dentro do paciente quando exatamente nele não se acha – até que o paciente se cure. Seria melhor falar do poder de intuição, mas aquela designação foi universalmente adotada, assim como as palavras projeção, conversão, transferência e falsificação de memória. A teoria psicanalítica exige toda espécie de concessões para que tais conceitos sejam aceitáveis.

O homem é um ser que se faz a si próprio (Angerami, 2003). E assim responsável pela totalidade de seus atos. Ficar culpando a mãe ou o "inconsciente" por seus atos é uma maneira simplista de não se assumir enquanto ser livre que decide pela própria vida e que constrói o enredamento de sua historicidade.

Ao afirmarmos que a nossa proposta psicoterápica é libertária, estamos dizendo que ela é livre, não apenas dos modelos teóricos estanques e imutáveis que aprisionam o homem em reflexões simplistas, mas também no sentido de levá-lo a assumir sua liberdade existencial, responsabilizando-se pela totalidade de seus atos. Esse certamente é o ponto mais difícil e até mais angustiante de nossa proposta psicoterápica, pois assumir que somos responsáveis pelas nossas escolhas é caminhar em sentido contrário às nossas tradições socioculturais, em que sempre existe outro responsável pelos meus desatinos. Assim, diante de um acidente automobilístico, certamente o culpado não será o narrador e sim o outro; da mesma forma diante de uma separação conjugal o responsável será o outro, e assim sucessivamente. Até mesmo em termos emocionais elencamos uma entidade arbitrariamente denominada de "inconsciente" para lá depositarmos a responsabilidade de tudo aquilo que não alcançamos compreensão e também daqueles atos intempestivos pelos quais não queremos nos responsabilizar. Citamos anteriormente até o absurdo da afirmação "desejo inconsciente". No entanto basta olharmos em nosso entorno para verificarmos quantas vezes essa expressão é utilizada e quase sempre fazendo referência a situações em que as pessoas não assumem o que realmente estão sentindo.

O nosso viés psicoterápico caminha, muitas vezes, até em sentido diferenciado em relação à própria compreensão meramente organicista. Ao definirmos nossa proposta de atuação a partir dos níveis sensoperceptivos estamos colocando como referencial de instrumentalização de nossa prática aquilo que o paciente sente, percebe e vê. Algo, portanto, que tem a ver apenas e tão-somente com a sua singularidade e historicidade. Assim, cada paciente não será apenas único como também exigirá um novo olhar de compreensão e apreensão de sua realidade existencial. Ao adotarmos a postura de que iremos fazer – no sentido de levá-lo a diferentes níveis reflexivos – com que o paciente constitua-se a si mesmo, não iremos então abordá-lo apenas em seu passado, mas também em seu presente e em sua perspectiva de futuro. Não iremos "escavar" material do passado alojado em seu "inconsciente", mas apreender seu constitutivo existencial e o modo como o autoconhecimento propiciado pela psicoterapia pode levá-lo a novos desdobramentos em sua vida. Esse aspecto é bastante importante para ser refletido, pois é algo que irá fazer com o paciente seja senhor e responsável pela sua própria vida em todos os seus detalhamentos.

É importante ainda ressaltarmos que essa proposta de fazer com que o paciente seja responsável pelos próprios atos destoa não apenas das correntes derivadas da psicanálise – em que o responsável por tudo é o inconsciente – mas, principalmente, de algumas práticas modernas que fazem previsões futurísticas. E embora tais práticas não devessem sequer figurar no rol das práticas definidas como psicoterapia – fazemos referência aos processos que incluem em seu bojo quiromancia, astrologia, tarôs etc. –, no entanto, apresentam índices significativos de crescimento na atualidade. E a razão desse crescimento é simples: na medida em que acessam com futuros promissores as pessoas que por elas procuram, essas práticas estão, na verdade, iludindo, pois de fato, em vez de refletirem sobre o momento cáustico vivido pelo paciente, simplesmente fazem previsões de uma nova realidade bem diferente no futuro. Nesse aspecto a nossa proposta psicoterápica será mais difícil de ser enfrentada, pois não remete o paciente a nenhum patamar ilusório, ao contrário, mostra de modo irreversível que somente ele poderá ser responsável pelas escolhas de seus caminhos. Evidentemente que é uma ilusão muito mais gratificante ouvir, diante das previsões astrológicas, por exemplo, que o meu futuro estará se descortinando de modo maravilhoso sem que eu tenha sequer que empreitem qualquer esforço. É fato que as pessoas procuram com uma intensidade cada vez maior por soluções mágicas para suas vidas, o que mostra o grande crescimento dessas práticas que simplesmente vão ao encontro dessas buscas.

De outra parte, ao procurar por um processo psicoterápico no qual tenha que assumir as conseqüências de seus atos, certamente, embora mais difícil de ser empreitada, terá conseqüências muito mais eficazes na solidificação de uma estrutura emocional muito mais consistente. O paciente seria, assim, artifício de seus caminhos, e ao se responsabilizar por seus atos estará adquirindo também condições para se tornar um ser revestido de consistência humana. É importante ressaltarmos que, embora mais árduos de serem trilhados, a nossa proposta psicoterápica dá ao paciente uma condição bastante sólida em seu dimensionamento existencial, pois acima de qualquer outro preceito estará fazendo com que acredite como o ser humano é capaz de, inclusive, potencializar suas próprias limitações, visando à superação dos obstáculos que se encontram ao longo de seus caminhos.

De outro lado, entretanto, para dimensionar o alcance da psicoterapia de base fenomenlógico-existencial, não podemos nos fixar nos modelos teóricos mecanicistas que concebem a condição humana a partir da construção de uma estrutura emocional sedimentada a partir da primeira infância. É necessário, então, dimensionar a psicoterapia para o escopo de um processo que leve o paciente ao autoconhecimento e até mesmo a mudanças significativas em seu campo perceptivo, para então mudar os próprios fatos (Angerami, 2003). Ressalte-se que o autoconhecimento aqui é algo definido, não como uma mera e simples acoplação de uma teoria preexistente à realidade do paciente, mas, ao contrário, como uma construção feita a partir da senso-percepção do próprio paciente. Aceitar esse posicionamento é, seguramente, o primeiro passo para que possamos, então, conceber uma psicoterapia decididamente libertária que possa assim prover ao paciente o sustentáculo emocional suficiente para estruturar-se ante o enfrentamento das dificuldades e vicissitudes do caminho.

Talvez o grande erro teórico-filosófico de se afirmar que existe uma psicoterapia que só considera o "aqui-agora" seja considerar que existe também um "antes-lá", e que o "aqui-agora" não tenha nem passado nem historicidade. Não é possível conceber que existe alguém que só tenha presente sem um passado a fundamentar-lhe a própria historicidade.

Buber (1986) ensina que presença não é algo fugaz e passageiro, mas o que aguarda e permanece diante de nós. Objeto não é duração, mas estagnação, parada, interrupção, enrijecimento, desvinculação, ausência de relação, ausência de presença. O essencial é vivido na presença, as objetividades no passado. É dizer que a nossa totalidade existencial não pode ser fragmentada em um passado que não atingimos senão por meio de recordações vagas e distantes.

A psicoterapia deve caminhar em busca de parâmetros libertários para não tornar-se, ela também, mais uma fonte de sofrimentos para o paciente. Sobre os aspectos presentes no processo psicoterápico, Buber ensina que o autêntico psicoterapeuta não se limita em analisar seu paciente. Se ele se limita em "analisá-lo", isto é, em trazer à luz de seus microcosmos fatores inconscientes, e por meio dessa libertação aplicar essas energias transformadas a atividades conscientes da vida, ele pode trazer algumas melhoras. Na melhor das hipóteses, ela pode auxiliar uma alma difusa e estruturalmente pobre a, de algum modo, se concentrar e se ordenar. Porém, aquilo que lhe incumbe, em última análise, a saber a regeneração de um centro atrofiado da pessoa, não será realizado. Assim é evidenciado que somente poderá realizar essa empreita quem, com um grande nível de compreensão da condição humana, aprender a unidade latente e soterrada da alma sofredora, o que só seria conseguido por meio da atitude interpessoal da mutualidade e não com o distanciamento de quem estuda um objeto. Para que o psicoterapeuta possa favorecer a libertação e a atualização do paciente, ele deve estar, assim como o educador, não somente em uma posição de distanciamento, mas também com todo o seu poder de presentificação e experienciando o efeito de sua própria ação – podemos fazer referência nesse sentido à gratificação emocional que experienciamos enquanto psicoterapeutas quando vemos o desenvolvimento e plenitude de um paciente.

Buber (1986) nos diz ainda que o curar como o educar não são possíveis, senão àquele que vive no face-a-face, sem contudo deixar-se absorver. E para ser possível esse imbricamento tem de se considerar a pessoa do paciente em sua totalidade. A primeira coisa a dizer a respeito do passado, ensina Van Den Berg (2001), é que ele nos fala do presente. O passado não é primordialmente significativo no tempo em que se deu: naquele tempo talvez não tivesse significado algum. O passado é significativo agora. Atribuir, então, ao passado conceitos de "trauma" é uma mera aventura teórica que não pode ser considerada de outra forma. O passado é o meu presente no significado que a ele conceituamos. Dizer da importância de um determinado ponto do passado no presente é, antes de qualquer reflexão, atribuir-lhe uma importância a partir de como a minha senso-percepção pode alcançá-lo e até mesmo defini-lo. Na medida em que a minha percepção é mutável e se forma a partir do enfeixamento das minhas emoções, não há como ter um passado que também não se altere em termos constitutivos. É dizer das tantas situações em que vamos mudando o nosso conceito sobre eles a partir dos elementos que igualmente se alteram em nosso campo perceptivo. O passado que trago à minha consciência é um passado presente; é algo que me toca nos mais profundos níveis senso-perceptivos. E, ademais, ao trazer o passado para o presente ele não é mais passado e sim algo que vivenciei em tempos idos e que continua presente em minha realidade corpórea.

Não há como separar o meu passado do meu presente de modo estanque como se fossem instâncias distintas de uma mesma pessoa. É importante ressaltar, nesse aspecto, que as psicologias tradicionais enfocam no passado a origem de todas as mazelas da condição humana pelo simples fato de estarem embasadas em princípio do determinismo causal que estabelece um nexo seqüencial para justificar suas teorizações. Segmentam a vida humana em diversas fases e teorizam que qualquer "desajuste" em algumas dessas fases será a "causa" para os transtornos do presente. Assim, seríamos todos fabricados em série e teríamos, conseqüentemente, os nossos mecanismos que continuamente estariam necessitando de reajustes para fazer com que tenhamos um funcionamento adequado. Dessa forma podemos perceber que a robotização contemporânea, que está ocupando os postos dos homens nas indústrias modernas, foi, na verdade, idealizada nas teorias que coisificaram o próprio homem na tentativa de compreendê-lo.

De outra parte, ao falarmos de uma psicoterapia que possa considerar o homem como um ser decididamente humano, e que se constrói a si mesmo (Angerami, 2003), estamos dando uma nova dimensão a esse processo. Assim, iremos não apenas desprezar esses construtos teóricos que o consideram como um conjunto de mecanismos reguladores, como iremos também dimensionar sua compreensão a partir de sua totalidade corpórea – incluindo nesse item também sua historicidade e unicidade. Uma psicoterapia que se proponha a levar o homem a novos horizontes libertários e que não só desprenda-se do passado como viés teórico, como também possa integrá-lo ao presente na própria projeção de seu futuro. Uma abrangência totalizante que não se perca em reducionismos teóricos nem tampouco no determinismo simplista de "causa-e-efeito".

Desde os filósofos mais antigos existia uma preocupação com o significado do tempo na vida humana. Em Platão (Mora, 2001) confirma-se a idéia do tempo que passa como manifestação ou imagem móvel de uma presença que não passa. Ele concebe certos passados remotos como possíveis modelos de um presente. Aristóteles, de outra parte, irá conceber o tempo sem fazer dele uma cópia, imagem ou sombra de uma imagem verdadeira (idem). Na filosofia contemporânea, vamos encontrar Husserl (idem), em que aparece uma distinção entre o tempo fenomenológico, descrito como forma unitária das vivências em um fluxo do vivido, e o tempo objetivo ou cósmico. Esse último comporta-se em relação ao fenomenológico de um modo analógico àquele como a extensão pertencente à essência imanente de um conteúdo sensível concreto se comporta relativamente à extensão objetiva. A propriedade essencial que expressa a temporalidade para as vivências não designa algo pertencente em geral a cada vivência particular, mas também uma forma de união das vivências com as vivências. A vivência real é, assim, temporalidade que se confunde com uma espécie de duração real.

Heidegger, de outra parte, procurou, sem resultados, encontrar o horizonte do ser (sein) no tempo (idem). Desse modo, falava do Dasein como sendo cuidado, e colocava como o seu significado ontológico a temporalidade. Para ele, então, a temporalidade não é a essência do tempo como realidade terrena, nem a característica do ser temporal considerada em si mesma: a temporalidade é a unidade do cuidado. Nessa conjetura não é possível, portanto, simplesmente falar do passado, presente ou futuro, nem de memória, percepção ou antecipação, já que a temporalidade do Dasein é criadora ou produtiva, na medida em que está afetada pela sua própria possibilidade de ser como ser-no-mundo (idem).

De outro lado, o que tenho como realidade objetiva em minha existência é o enfeixamento da minha subjetividade. É dizer que a minha concretude é aquilo que a minha senso-percepção concebe em seus aspectos constitutivos. Merleau-Ponty (1999) ensina que não mais conservo em minhas mãos a circunvizinhança distante: ela não é mais feita de objetos ou de recordações ainda discerníveis, é um horizonte anônimo que não pode mais fornecer testemunho preciso, deixa o objeto inacabado e aberto, como ele é, com efeito, na experiência perceptiva. A minha realidade existencial é, assim, um contínuo vir-a-ser, no qual não existe uma separação claramente delimitada e que determina quando se inicia o presente e quando terminou o passado. A minha história perceptiva é tratada como um resultado de minhas relações com o mundo objetivo; meu presente, que é o meu ponto de vista sobre o tempo, torna-se um momento do tempo entre todos os outros, minha duração um reflexo ou aspecto abstrato do tempo universal, assim como meu corpo um modo do espaço objetivo.

A consciência perceptiva, de outra parte, não pode ser contraposta com formas exatas das concepções ditas científicas, nas quais o parâmetro buscado é o absolutismo objetivo, pois de modo irreversível à subjetividade será o determinante do balizamento reflexivo. O determinismo de algumas psicologias contemporâneas trabalha com o conceito de que o tempo é uma realidade completa em si mesma. O tempo, no entanto, não é uma realidade por si, mas uma relação. Colocamos em texto anterior que o tempo não passa, quem passa somos nós (Angerami, 2002). Nessa passagem vamos, por meio de nossa realidade senso-perceptiva, estabelecendo parâmetros que definimos como temporais e que colocam nossa existência em definições conceituadas como "presente", "passado" e "futuro". Somos, entrementes, uma realidade que não é possível ser enquadrada em parâmetros estanques de definições conceituais. Passado, presente e futuro nada mais são do que meras definições conceituais e que não podem, portanto, ser aprisionadas na frieza objetiva de algumas psicologias contemporâneas.

O determinante de nossas reflexões é que, ao enveredarmos nossa consciência para situações vividas em um passado, estamos de fato direcionando nossa senso-percepção para diferentes níveis de sentimentos. E o sentir, ensina Merleau-Ponty (1999), é essa comunicação vital com o mundo que o torna presente para nós como lugar familiar de nossa vida. É a ele que o objeto percebido e o sujeito que percebe devem sua espessura.

A psicoterapia, assim, deve ser um processo mais amplo que possa abarcar a realidade existencial do paciente sem tentar enquadrá-lo em conceitos temporais que, na realidade, estão distantes de sua consciência. Talvez seja necessário que empreitemos uma nova concepção das pilastras sobre as quais se sustenta a psicoterapia na atualidade, para que possamos compreender a condição humana de modo mais livre e sem amarras teóricas de nenhuma natureza. Enquanto ficarmos presos de maneira irascível ao "passado" do paciente, certamente continuaremos emperrados de maneira irreversível. Seguramente quando alguém procura pela ajuda psicoterápica, busca um processo que possa libertá-lo de agruras que possam estar agrilhoando seu desenvolvimento existencial. Sem dúvida alguma essa necessidade é bem maior do que buscar no "passado" as "causas" desse sofrimento. Concepções teóricas à parte, precisamos sempre ter claro que a verdadeira libertação psicoterápica do paciente é algo mais amplo do que preconizam algumas teorizações das psicologias modernas. Insistimos novamente que a própria realidade contemporânea determina a necessidade de uma nova compreensão da condição humana para que a psicoterapia não seja, assim, um processo estéril. Conceituar um processo como um enfoque do "aqui e agora" é de uma falta de consistência teórico-filosófica e de uma idiotia conceitual que sequer deveria merecer qualquer ponteamento de reflexão.

Considerações Complementares

Este trabalho teve a intenção de rechaçar as críticas que alguns incautos lançam sobre a psicoterapia de base fenomenológico-existencial. No entanto, o resultado de nossas reflexões foi além do intento inicial, e seguramente deve contribuir para as discussões contemporâneas envolvendo a prática da psicoterapia. Também esperamos ter contribuído para que os estudiosos da abordagem fenomenológico-existencial tenham um acervo maior de textos para refletir sobre sua abrangência. É interessante ainda pontuarmos que as nossas reflexões não são soberanas e acima de qualquer outro posicionamento que se faça sobre a temática. Sabemos das nossas limitações e da necessidade de um aprumo cada vez maior em nossos escritos para atender às exigências dos tantos colegas que se guiam a partir dos nossos escritos. Mas igualmente estamos direcionando nossas reflexões para que um número cada vez maior de estudiosos possa dela se beneficiar. E assim é: este trabalho é mais um pouquinho do nosso sonho de construção de uma psicoterapia decididamente humana.

Referências Bibliográficas

ANGERAMI, V. A. *Psicoterapia Existencial*. São Paulo: Pioneira Thomson Learning, 2002.

_____. *A Prática da Psicoterapia*. São Paulo: Pioneira Thomson Learning, 2003.

_____. *O Atendimento Infantil na Ótica Fenomenológico-Existencial*. São Paulo: Pioneira Thomson Learning, 2003.

_____. *Psicologia Hospitalar*. Teoria e Prática. São Paulo: Pioneira Thomson Learning, 2002.

_____. *E a Psicologia Entrou no Hospital*. São Paulo: Pioneira Thomson Learning, 2002.

_____. *A Ética na Saúde*. São Paulo: Pioneira Thomson Learning, 2002.

_____. *Urgências Psicológicas no Hospital*. São Paulo: Pioneira Thomson Learning, 2002.

_____. *O Doente, a Psicologia no Hospital*. São Paulo: Pioneira Thomson Learning, 2002.

_____. *Psicoterapia e Subjetivação*. São Paulo: Pioneira Thomson Learning, 2002.

_____. *Histórias Psy*. São Paulo: Pioneira Thomson Learning, 2002.

BUBER, M. *Eu. Tu*. São Paulo: Moraes,1986.

FERENCZI, S. Transferência e Introjeção. In: *Obras Completas/Psicanálises*. São Paulo: Martins Fontes, 1991.

KIERKEGAARD, S. *O Desespero Humano*. São Paulo: Martin Claret, 2001.

MERLEAU-PONTY, M. *Fenomenologia da Percepção*. São Paulo: Martins Fontes, 1999.

MORA, J. F. *Dicionário de Filosofia*. São Paulo: Martins Fontes, 2001.

VAN DEN BERG, J. *O Paciente Psiquiátrico*. Campinas: Livro Pleno, 2001.

Os Autores

Ana Maria Lopez Calvo de Feijoo

Psicoterapeuta; professora da PUC–RJ; professora do Curso de Formação em Psicoterapia Fenomenológico-Existencial do Centro de Psicoterapia Existencial; presidente do Instituto de Psicologia Fenomenológico-Existencial do Rio de Janeiro; professora do Curso de Formação em Psicoterapia Fenomenológico-Existencial do Centro de Psicoterapia Existencial.

Elizabeth Ranier Martins do Valle

Professora associada ao Depto. de Enfermagem Psiquiátrica e Ciências Humanas da Escola de Enfermagem de Ribeirão Preto – USP; coordenadora do Serviço de Psicologia do Grupo de Apoio à Criança com Câncer (GACC) – Hospital das Clínicas da Faculdade de Medicina de Ribeirão Preto – USP; docente de disciplinas de Psicologia da Saúde da Universidade de Ribeirão Preto – Unaerp e da Universidade Paulista – Unip; professora do Curso de Formação em Psicoterapia Fenomenológico-Existencial do Centro de Psicoterapia Existencial.

José Paulo Giovanetti

Dr. em Psicologia Clínica pela Universidade de Louvraim – Bélgica; coordenador do Curso de Psicologia Fenomenológico-Existencial da PUC–MG; professor do Departamento de Psicologia da UFMG; professor do curso de Formação em Psicoterapia Fenomenológico-Existencial do Centro de Psicoterapia Existencial.

Mauro Martin Amatuzzi

Graduado em Psicologia pela PUC–SP; especialização em Aconselhamento Psicológico pela USP; doutor em Educação pela Unicamp; professor no Programa de Mestrado e Doutorado em Psicologia da PUC–Campinas.

Tereza Cristina Saldanha Erthal

Mestre em Psicologia; professora adjunta do Departamento de Psicologia da PUC–RJ; psicoterapeuta e criadora da Psicoterapia Vivencial.

Valdemar Augusto Angerami

Psicoterapeuta Existencial; professor de Pós-graduação em Psicologia da Saúde na PUC–SP; professor do Curso de Psicoterapia Fenomenológico-Existencial na PUC–MG; coordenador do Centro de Psicoterapia Existencial e professor de Psicologia da Saúde – UFRN. Autor com o maior número de livros publicados em psicologia do Brasil e também de livros adotados nas universidades de Portugal, México e Canadá.

Impresso por
META
www.metabrasil.com.br